アタマとココロの健康のために

社会学的知の実践:
レイシズム・ミソジニー感染防止ワクチンと
ハラスメント依存症治療

ましこ・ひでのり

三元社

アタマとココロの健康のために

社会学的知の実践：レイシズム・ミソジニー感染防止ワクチンと
ハラスメント依存症治療

目次

凡例≒構成と注意 8

はじめに 9

1章 「社会的ウイルス」感染防止のために 17

1-0 「社会的ウイルス」とは一体なにか？ 18
1-1 レイシズム系ウイルス 18
- 1-1-1 本質と感染経路：本質主義／優生思想／排外主義 18
- 1-1-2 具体的対策：時空上の「旅行」による比較対照 20

1-2 男尊系ウイルス 21
- 1-2-1 本質と感染経路：「オトコはつらいよ」という自己満足的なヒロイズム 21
- 1-2-2 具体的対策 23
- 1-2-3 補論：反動としてのミサンドリーと女性戦士 24

1-3 階級差別ウイルス 25
- 1-3-1 本質と感染経路：資産／地域格差を能力差と錯覚させるメカニズム 25
- 1-3-2 具体的対策 27

1-4 独善的潔癖症ウイルス 29
- 1-4-1 本質と感染経路：無自覚な自己中心性がもたらす独善性＝錯覚の産物としての唯我独尊 29
- 1-4-2 具体的対策：「外部」を汚濁と侮蔑・忌避する感覚からの「卒業」 30

1-5 アンチ思想的多様性ウイルス 33
- 1-5-1 本質と感染経路：視野のせまさ＝自己中心性がよびこむ思想的非寛容 33
- 1-5-2 具体的対策：視野狭窄をさけるための「外部」の意識化 36

1-6 コロニアリズム系ウイルス 37

  1-6-1 その本質:他空間に対する侵略・寄生　37
  1-6-2 その感染経路:植民者たちから現地エリートへ　41
  1-6-3 具体的対策:略奪・強奪行為に対する羞恥心の涵養　42

2章　「ハラスメント依存症」治療のために　51

 2-1 「ハラスメント依存症」の本質:ハラッサー(攻撃者)とハラッシー(被害者)　53

 2-2 「ハラスメント依存症」の治療とコピー回避:治療／透明化／抑止　55

 2-3 「ハラスメント依存症」とコピー回避からみた社会学周辺の知　64

3章　加害者性＝「中年化」という病理をさけるために　75

 3-0 「中年化」とは:理念型としての「オヤジ化／オバサン化」　76

 3-1 「オヤジ化」とは:「男尊系ウイルス」による病理の進行　77

  3-1-1 男性むけ「グラビア」自体が、女性にとって環境セクハラとなりえるのはなぜか　81

  3-1-2 「オヤジ化」の主要被害者がわかい女性だけではない理由　83

 3-2 「オバサン化」とは:「男尊系ウイルス」によるミソジニーの内面化　87

 3-3 「中年化」防止のために、なにをすべきか:健全な羞恥心維持のためのモニタリング　89

4章　アンチウイルス／攻撃依存症抑止技法としての社会学　95

 4-1 近現代の誕生と並行していた社会学　96

 4-2 リベラリズム(解放思想)と並行してきた社会学　99

 4-3 被害者にならないための護身術としての社会学　101

4-4　加害者にならないための「姿見」としての社会学　107
【コラム】社会学って、結局なに？：「社会学的想像力」と「窓の学問」　112

5章　補論1：差別周辺のソボクな疑問にこたえて　123

Q0　マジョリティ／マイノリティ、ってなに？　125

Q1　差別と区別のちがいとは？　127

Q2　差別のなかで、一番重大なものはなに？：量的差別として突出した女性差別　129

Q3　差別かどうかは、差別されたと感じた自称被害者の主観できまるの？　131

Q4　ヘイトスピーチと差別表現のちがいとは？　134

Q5　レイシズムとは？　136

Q6　欧米や韓国では黒人差別がねづよいといわれるけど、日本では？　141

Q7　黒人差別・部落差別以外の日本型レイシズムとして深刻なものはなにか？：在日コリアンおよび沖縄差別　143

Q8　ミソジニー／レイシズム以外で深刻な差別問題といえば？　145

Q9　それ以外で深刻な差別問題はないのか？　148

Q10　差別しないために必要なことはなにか？：健全な悲観主義にもとづくモニタリングによる加害リスクの最小化　152

6章　補論2：無自覚なハラスメントのコピーとしての日本近代史　163

6-1　日本近代史イメージ再考　164

6-2　植民地主義の観点から冷戦期をふりかえる　165

6-3　右派ナショナリストたちにとっての戦後日本　166

6-4 戦前日本のふりかえり：ハラスメント史観からみた帝国日本　169

7章　補論３：大学・大学院で「まなびなおす」という意味　179
　　　大学など、高校以降で勉強することの意味と、おぼえておいた方がいいこと

7-1 「児童生徒」の教育機関から、「学生」の学習空間へ　180

7-2 大学での勉強とそれ以外の本質的ちがい　182

7-3 「卒業論文」など大学独自の制度、そして時間割にならぶ講義科目の含意　187

7-4 単位取得は自分自身への「長期投資」。大学／院修了者の蓄積は社会への「長期投資」　195

7-5 授業へののぞみかた　200

おわりに　208

参考文献　211

索　引　214

凡例≒構成と注意
<small>ハンレー</small>

1. 表記法のユレをさけるなど言語学的判断から、訓よみをできるかぎり回避している（固有名詞や慣用的なもので、かながきにすると読解困難になるものは、このかぎりではない）。また、誤読をさけるために、ふりがなをふっている漢字があるが、表音主義をとっている。たとえば、「汎用性」<small>ハンヨー</small>のようなかたちである。
2. 後注は、本文とことなり「常体」（文末が「だ／である」）をとっている。
3. （酒井 2006：182-3）などとあったら、家族名「酒井」という筆者が 2006 年に刊行した出版物の 182 ページから 183 ページにかけてかいてある、と理解してほしい。参考文献一覧（p.211-3）も家族名で 50 音配列してある。
4. 文末（句点「。」の直前など）や文中にまじる、ポイントのちいさなアラビア数字（「……16。」といった形式）は、章末注である。各章の最後を参照のこと。
5. ルビは、表音主義（たとえば「ひょーおんしゅぎ」）が原則。なお、引用した原文にないルビをおぎなった箇所がある。

はじめに

　英語圏でのコンピューターセキュリティーでは「通過させてはいけない通信」を阻止するシステムを「ファイアウォール」とよんでいます。機械的に日本語訳すれば「防火壁」となりますから、「コンピューターウイルス」や「不正アクセス」など外部からの攻撃は「猛火」となぞらえられているわけです。

　21世紀のいま、「ファイアウォール」機能をはじめとして、コンピューターを安全に利用するための各種「セキュリティーソフト」が普及してすでにひさしくなりました。これは、インターネットが普及する以前には、あきらかになかった現実といえます。そして、現代を象徴しているといえるのは、「セキュリティーソフト」には、「アップデート」という作業が不断に必要とされている点でしょう。

　これらICT（情報通信技術）[1]が急速に日常化した現代は、「ウイルス」だとか「ワクチン」だとか「スパイウェア」といった、さまざまな危険（リスク）を想起させる表現が急増した時代でもあります。要は、政府の極秘情報とか企業秘密であるとか、特定の組織の機密情報をめぐる攻防といった次元ではなくて、ごく一般的な市民がおくる日常生活に、リスク対策を必要とする、さまざまな新型の危険・不安がとりまくようになったということです。これは、以前の「防犯」とか「治安」とかいった水準・次元とはことなり、ひごろから常用している携帯端末などが攻撃対象となるリスク、そのための危機管理を一般市民がおこなう、という、警備会社とかの世界とみまごう警戒システムが、自宅や身辺だけでなく、日用・業務上の情報機器にもあてはまるようになったということです。

これは、冷静にかんがえてみると、おどろくべき変容です。なぜなら、インターネットの劇的普及をすすめたといわれるWindows95の販売開始のころをふりかえれば、すぐわかります。ほんの四半世紀まえ、一般市民にとっての情報機器の最先端はノートパソコンと携帯電話程度で、それらが外部からの攻撃にさらされるので注意しなければ、といった意識は存在しなかったとおもわれるからです。

　これらの現実は、自動車の大衆化や高速道などの発達が、誘拐殺人事件などの温床となっている（高速移動できる「密室」の急増）といった指摘と同様、技術革新による低コスト化＝大衆化が利便性＝福利だけでなく、前代未聞のリスク増大をまねいているという側面です。そして、すくなくともICTに関しては、ここ四半世紀の激変がおおきいといえます。

　この低コスト化＝大衆化がもたらしたハイリスク社会という問題は、配達システムや通信システムが整備・普及することで、遠距離を無化したような脅迫やリンチがふえた（郵便・電話etc.）という時代をへて、インターネットが急増させたリスクとして社会問題化しています。コンピューターウイルスの大量感染といった事件の発生と、それによる不安と対策の急増も、以上のような技術社会史的な問題ととらえることができます。そして、セキュリティーソフトの一般化と、不断の「アップデート」（「更新」という漢字語に対応）という現実は、時間・空間を無化するような利便性・低コスト化がかかえている現代的リスクを代表・象徴しているといえそうです。

　なぜなら、時間・空間を無化し低コスト化する技術というのは、ひろい意味での「複製技術」だからです（音声・画像などを遠方で

再現してみせるetc.)。複製技術というのは、「開発コスト」はかなりのものですが、一旦「発見」されてしまうと、その反復・コピーは一挙に低コスト化するものです。つまり、ネット社会に代表されるICT空間は、悪意を広域・長期にわたって表出しつづけることが低コストでできてしまいます。インフルエンザ・ウイルスが微妙に遺伝子配列をミスコピーさせることで、せっかくくみあげた抗体反応を無化して感染に成功してしまうように、わるさをすることがラクラクとできてしまうのです。SNSでの炎上などリンチ事件であるとか、ストーキング行為であるとか、物理的にあしをはこぶことも、標的とされた人物による反撃にあうことも、ほとんど心配せずに悪意・粘着が実現できるようになってしまったのです。コンピューターウイルスによって、多数の個人・組織がこまること、ダメージをこうむることのどこがたのしいのか、さっぱりわかりませんが、ともかくそれがたのしくてしかたがないマニアや命令をうけた工作員などがいて、日々、作成にはげんでいる事実があるからこそ、対策ソフトの「アップデート」がかかせないわけです。

さて、本書がしめそうという方向性は、以上のような現状認識にそった現代的リスク対策に具体的にとりくみましょう、という問題提起です。だいぶまえに、「「知の護身術」としての社会学」という副題を冠したテキストをだしました（『あたらしい自画像』2005年）。本書は、その続編ではありませんが、ねらいはおなじです。

そもそも、社会学は、ゆっくりと社会が変化していく前近代（近世以前）とはことなり、劇的に流動していく空間。いいかえれば社会変動（social change）が常態化した空間が近代欧州都市から世界中にひろがっていく際に誕生した社会科学です。しかし、社会学は、

第二のグローバル化空間[2]であった資本主義・帝国主義時代に確立しながらも、冷戦構造崩壊後の第三のグローバル化空間のなかで、劇的な方針転換をせまられるようになりました。要は、航空機や高速鉄道による超高速移動が大衆化・大量化したこと、インターネット空間の急速なひろがり、このふたつの相乗作用で、地球の表面積の意味が縮小してしまい、それによって各地域の「社会」の意味自体が激変しつつあるからです。すでにのべたように、リスク自体が、国家体制が最大のリスク要因だった20世紀中盤までとはことなってきました。各国政府は依然突出したリスク要因ですが（核兵器など大量破壊兵器etc.）、Google、Amazonなど巨大グローバル企業も巨大なリスク要因と化してきたようです。市民は、各国政府という巨大リスクだけでなく、世界中に触手をのばしてすべてをのみこもうとしているかのような巨大グローバル企業や、憎悪のネットワークというべきテロ組織網とその思想の感染者たちのリスクと無縁な市民生活がしづらくなってきているのです。

　世界中の市民が、同様な社会の流動化にともなうリスクにさらされているという現実。つまり、「「知の護身術」としての社会学」というコピーは、単なるセールスコピーではなく、社会学徒からの提言とうけとってください。

　なお、社会学を「アンチウイルス」になぞらえることも、単なるセールスコピーではありません。たとえば、日本語版ウィキペディア「コンピュータウイルス」では、つぎのように記述しています。

> 　ウイルスが含まれたプログラムファイルは、「ウイルスに感染している」という。感染したファイルを（多くの場合、感染していることを知らずに）複製することによりウイルスが広がっていく

さまが、生物と同様の特徴を持つウイルスが増殖していくさまに似ていることからこの名前がついた。
　コンピュータウイルスの感染を阻止したり、感染したウイルスを検出したりする技術をアンチウイルス（anti-virus）と呼び、それらを支援するソフトウェアをアンチウイルスソフトウェアや、ウイルス対策ソフト・ワクチンなどと呼ぶ。

　筆者は、憎悪のネットワークというべきテロ組織網とその思想の感染者たちは、この「コンピューターウイルス」にとりつかれて有害なはたらきをはじめてしまったプログラムファイルになぞらえることができるとかんがえます。また、これら危険思想にそまった人物を複数かかえこんで組織化され、賛同者をふやしはじめた時点で、それは「感染したファイル」をかかえこんだパソコンのようなものだととらえているのです。
　だから、攻撃性をかかえた思想の感染を阻止したり、攻撃的思想を検出したりする技術をアンチウイルス（anti-virus）とよび、それらを支援する社会学周辺の知の一部をアンチウイルスソフトウェアや、ウイルス対策ソフト・ワクチンなどになぞらえようというのです。同時に、弱者を攻撃せずにはいられない状態やサディスティックな心理という、暴力性への依存性を改善するための具体的提案をしたいとかんがえています。つまり、知的な混乱状況から脱却し精神的ユトリを回復すること（**アタマとココロの健康**）で、加害者性に感染しないことを目標にし、同時に、そういった加害者性を未然に察知して被害をうけないようリスクを回避できるよう自衛策＝「護身術」も、みにつけてもらいたいとかんがえています。いいかえれば、加害者にも被害者にもならないですむよう、あらかじめ

「ハイリスク空間」「危険なメカニズム」の予習・対策をすすめるための「ガイドマップ」をイメージしています。

　本書は、以上のように「攻撃的思想ワクチン」や「ハラスメント依存症治療」の効能をとくことによって、同時に社会学周辺の知的蓄積の一部を紹介し普及につとめようとするねらいをもっています。だから体系的な学史などは全然かきこまないし、体系的・網羅的に代表的社会学モデルを紹介することもしません。大学・大学院で社会学周辺（人類学や社会心理学や、人文地理学・教育学など）を専攻するひとびとのための入門書をねらっていませんから、現代社会学の最前線までの過去１〜２世紀の学史的整理は、時間のムダとかんがえるからです。

　一方ちょっとクセのつよい「社会学入門」という性格はもたせています。統計学や論理学と同様、せっかく汎用性(ハンヨー)のたかい道具なのだから、もったいつけることなく、かぎりなくフリーウェア的にひろくくばってしまおう（たとえば、あなたが図書館でよんでいるなら無料ですね）というこころみです。実用主義的に「やくだつ社会学」というかたちで、これ一冊で充分と「卒業」してしまう層にとっても、「これは意外におもしろいかも」と、本格的な入門書や概説、理論書・具体的研究書などにすすむことになる読者にとっても、いいであいとなりますよう。

　　　　辺野古新基地建設反対をとなえつづけた故・翁長雄志知事
　　　　を継承するとして当選した玉木デニー新知事初登庁の日に
　　　　（2018.10.04）

注

1 本書48頁、注12参照。
2 「グローバル化」とは、通常、冷戦構造崩壊後の20世紀末以降のボーダーレス化をさしてつかわれることがおおいが、事実上の同義表現といえる「地球の一体化」プロセスという観点からすれば、その第一波は、おそくとも大航海時代までさかのぼれる。この時代の覇者といえるイベリア半島にとってかわったオランダの植民活動をへて、イギリス・フランスを軸として新大陸ほかが世界的に植民地化されていく本格的な帝国主義時代は第二波にあたり、現在、一般に定着したとおもわれるイメージがさす現象は第三波にあたる。

ちなみに、「グローバル化」は英語表現 "globalization (globalisation)" のカタカナ表記「グローバリゼーション」の意訳的カタカナ語である。そもそも "globalization (globalisation)" は英語の動詞 "globalize (globalise)" の名詞形として誕生したが、動詞 "globalize (globalise)" は名詞 "globe"(地球)の形容詞形 global" の動詞化として誕生した。「グローバル化」「グローバリゼーション」などと対応する日本語訳が「地球規模化」などであるのは、こういった経緯の産物である。

1章
「社会的ウイルス」感染防止のために

本章のねらい

宿主に寄生することで暴力性を発揮させる社会的ウイルスに感染されないこと、発症しないようにおさえこむには、どうしたらいいか。感染経路をたちパンデミックなどをひきおこさないためにすべき方策はなにかをかんがえていく。

その具体策を検討するために、「レイシズム系」「男尊系」「階級差別」「独善的潔癖症」「アンチ思想的多様性」「コロニアリズム系」という6つの本質を理念型として提示して、その感染経路や疫学的予防法を検討していく。

1-0. 「社会的ウイルス」とは一体なにか？

はじめに、ここで「社会的ウイルス」という概念を提起しようとおもいます。

本書冒頭で、攻撃性をかかえた思想の感染を阻止したり、攻撃的思想を検出したりする技術をアンチウイルス（anti-virus）になぞらえて、社会学周辺の知を紹介するとのべました。「社会的ウイルス」とは、それ自体生命ではないことはもちろん、意思などはもちあわせない非生物ではあるけれども、ヒトをはじめとした生命体にダメージをあたえる有害な思想をさすこととします[1]。

1-1. レイシズム系ウイルス

「レイシズム系ウイルス」という名称をかんがえたのは、現実の分類というよりは本質の抽出のためです（次項以降も同様）。したがって、実際の暴力性は、いくつかの本質をあわせもった複合体として発生し伝染していくとかんがえてほしいとおもいます。ばあいによっては、本質的には、あい矛盾して両立しえない要素のはずの複数の要因がからまりあっているようなケースもあると理解してください。

1-1-1. 本質と感染経路：本質主義／優生思想／排外主義

「レイシズム系ウイルス」の本質は、「人種」「民族」「国民」「宗派」などとしてひとびとが実体視している集団に対して「各集団には明白な優劣があり、それへの好悪や優劣にもとづいた区別は当然」といった論理を共通項としています（本質主義にもとづく優生

思想と排外主義)。

　実をいえば、社会学・人類学などの主流派は、「人種」「民族」など集団を内実・境界線が明確に定義できるとする実体視を本質主義としてさけるようになっています[2]。しかし、世界中で「人種差別」や「宗教差別」がくりかえされているように、政治経済文化の前線では、あきらかに実体視が現実的意味をもってしまっています[3]。テロリズムや無差別爆撃などをふくめ、死傷者がでるような対立・抗争の大半は、この「レイシズム系ウイルス」を基盤として発生してきたといって過言でないでしょう（詳細は5章．補論1【疑問5】）。

　おもな感染経路としては、(1) 政府公認の地理歴史教育、(2) マスメディアのあおるナショナリズム・ローカリズム、(3) 小説・マンガ・アニメなどフィクション、(4) 両親・兄弟姉妹などの血縁関係、(5) ネットメディアによる集団間の優劣を強調するサイトなどがあげられます。もちろん、これら主流ルートが単独で機能することはむしろ少数で、おおくは複数が相乗作用をもたらしているとかんがえられます。

　20世紀の神国思想の代表例としては、戦前の大日本帝国、冷戦時代から強化されてきた朝鮮労働党のキャンペーンなどをあげるのが適当でしょう。すくなくともこの2例のばあい、中央政府による洗脳的教育体制と国策映画、御用メディア（国営放送＋商業メディア）などが相乗作用をもったことがあきからですが、現在の中朝両国をはじめとして独裁体制がネットメディアを徹底的に監視・管理していることをみても、時代・地域によって多様性があることはもちろんです。

1-1-2. 具体的対策：時空上の「旅行」による比較対照

　感染をふせぐための具体的対策としては、「外部」についての情報をなるべくたくさんしいれることがワクチンとなります（時空上の「旅行」）。国策教育や御用メディアに洗脳されないためには、政府公認の「国史」がどういった情報操作をおこなって成立したのか相対化できるような地歴系の知識が不可欠だからです。おやがあてがう世界観だけではさすがに偏狭すぎる以上、家庭外の価値観等にもふれる必要があるから、各種文書・学校・職場などと接する機会を確保するのと、同質です。各集団が独善的に自分たちの集合体の由来・現状・方向性（過去／現在／未来）を合理化（＝正当化）する体質から自由になる（＝解放される）ためには、異質な集団の歴史や分布についてしる必要があります。歴史や分布など最低限の知識がなければ、自分自身をとりまく環境とその来歴を客観視できないからです。

　注意点は、ナショナリスティックな右派系の感情論にのせられないこと。これは政府御用達の史観とは別種の洗脳にはまってしまうからです。同時に、左派系の陰謀論（なんでも「アメリカ政府とアメリカ系大資本が暗躍している」で説明しきれると信じている論者＝以前のマルクス主義の経済決定論と同根）にも警戒する必要があります。特定の国家や民族に一方的にかたいれすることのない具体的根拠にそった良質な議論をさがしだす作業が必要となるのです。

1-2. 男尊系ウイルス

1-2-1. 本質と感染経路：「オトコはつらいよ」という自己満足的なヒロイズム

　このタイプのウイルスの主要宿主は元気な成人男性、ないしはかれらを大量動員できる有力者たち（中高年男性ないしそれに準ずる社会的地位にある女性）です。かれらのよってたつ世界観は、「つよいオトコがエラい」という強者信仰です。付随する現象・傾向として「つよがり」「イジメ」「誇示」などがあげられるでしょう。要は軍・警備部隊など実力組織の将兵の心身を理想とするものです。救出劇などのヒーローとなる消防隊員や防諜・謀略活動に従事するエージェントなどもふくめ、アクション映画などの実働部隊が中心的な理想像となります。

　主症状は、**ミソジニー**[4]や**ホモフォビア**[5]など女性蔑視や同性愛者忌避が典型例です。したがって、これらの症状の直接的被害者は（1）女性[6]や高齢者・障害者、少年をふくめた非成人男性、および（2）男性同性愛者（ときに両性愛者も）、間接的被害者は、（3）これら非成人男性と男性同性愛者に好意的な（擁護したり非難を意識的にひかえたりする）男性たちということになります。

　しかし被害者は、それにとどまりません。いわゆる少年（たとえば、誘拐された少年兵etc.）だけではなく、20代男性なども道具化される（軍組織でいえば「兵卒」「軍属」）対象だからです。そこには、少数の長老男性らを頂点とする**家父長支配**構造（ピラミッド）による序列化・**抑圧移譲**のメカニズムがみてとれます。主症状の累積による巨視的現実というべきでしょう。

　ウイルス本体（＝本質）は、**社会ダーウィニズム**（＝ダーウィン進化モデルを人間社会にあてがったつもりの疑似科学的世界観）を

前提とした優生思想・男性中心主義の複合体とかんがえられます。いわゆる「弱肉強食」とか「優勝劣敗」論などが既存の体制がゆるがぬことを自明のことと宿主にかんがえさせるのです。女性や高齢者・障害者が蔑視されるのは、かれらが奉ずる「将兵」イメージの「標準」に到達できないからです。女性・少年は露骨に「資源」視され、「資源」化が困難と判断された高齢者・障害者は、しばしば生存権自体を否定されたりします。ナチスドイツ支配下でおしすすめられたユダヤ系・社会主義勢力一掃計画と並行してすすめられたのが障害者の「安楽死」だった事実は、その典型例といえるでしょう。過去に頻発した障害者や「らい予防法」などによる患者への断種・避妊手術の強要問題と、相模原の障碍者施設に乱入して大量殺傷におよんだ凶悪犯罪などとは、全然異質な事件だったようにうけとられているとおもいますが、社会学やフェミニズム関係者周辺では、これらの総体が「優生思想」問題として理解されています。

ともあれ、主要感染経路は家庭・近隣とフィクションが定番とするヒーロー・キャラとかれらにスポットをあてるストーリー展開(「超人＝超男性〔superman〕」願望)、さらに、家庭や幼稚園など既存のジェンダー役割に疑問をもっていない成人たちの影響も無視できません。

オラオラ系の男性は典型的宿主ですが、「男尊女子」による無自覚なミソジニーの悪影響もあなどれません(酒井順子2017)。いや、有害なのは、オラオラ系男子自体よりもむしろ「男尊女卑」イデオロギーの信奉者として主体的に劣位を甘受(「オトコをたてる」)して世間をおよぎわたっている女性たちの言動かもしれません[7]。「オラオラ系」はその問題性にきづく層にとって反面教師になりますが、「男尊女子」は「女子力たかめ」などと称揚されがちで、その言動

が批判の対象になりづらいからです。「周囲をたてる」「献身的である」といった「利他的言動」は、しばしば「博愛主義」にもうけとられ、「オトコにこびている」といった非難さえあびなければ、「できた人物」「オトナ」と位置づけられるからです。政治家／アスリートの妻たちの食生活管理をふくめた献身ぶりが称揚されるマスメディアの支配的風潮なども、この点から検討しておく必要があります。

1-2-2. 具体的対策

　男尊イデオロギーのおろかしさをうまくとらえているのは、女性や同性愛者の観点から世界をとらえかえした作品など。性別役割分業を相対化したり、既存の男女役割に違和感を表明したりしているフィクション・ノンフィクション作品（小説・映画・マンガ・アニメ・エッセイetc.）も多数あります。SFやファンタジーなど大胆な設定の物語も思考実験につきあって、硬直した発想から自由になるために有益でしょう。

　女性学や男性学の入門書もいいものがたくさんかかれてきました。基礎知識をふまえ、男尊イデオロギーを解毒するには、これらを虚心坦懐によんでいくだけで、充分かとおもいます。女性学や男性学の入門書の著者たちのおおくは、社会学・文学・美術史／文化史などの専攻者たちです。女性ジャーナリストたちも、たくさん著作を蓄積してきました。

　日常的にできることといえば、男女の非対称性を対照することです。「女医・女流作家とはいうけど男医とか男流作家とはいわないな」とか「オンナ偏の漢字はたくさんあって差別的なニュアンス（妄／嫉／妬……）がおおい印象だけど、オトコ偏の漢字ってあっ

た?」といったソボクな疑問をおもいうかべては、かみにかきだして整理するとか、はなしがわかる知人にといかけて反応をみるなどです。ツイッターなどSNSは、おすすめしかねます。微妙な同期・非同期の悪循環で不毛な感情論がもつれあうかもしれないからです。すくなくとも対話・議論などを多少なりともしたいのなら、対面状況で(通話もチャットも危険)することをおすすめします。

1-2-3. 補論：反動としてのミサンドリーと女性戦士

　アメリカ映画『モンスター』(2003年)のモデルとなった女性連続殺人犯のケース[8]とか、おなじくアメリカ映画『アンディ・ウォホルを撃った女』(1996年)のモデルとなったラディカル・フェミニスト、ヴァレリー・ソラナスのケース[9]のように、性的暴行や虐待の経験から深刻な男性不信におちいり、男性性の完全否定や殺害などを当然視するようなばあいも発生しました。これらミサンドリー(misandry；男性嫌悪)は帝国主義に対して少数民族がテロリズムによって蜂起・報復するような動機ににた心理背景があって、ある意味さけられがたい悲劇だったといえます。

　しかし、ここまで深刻なものでなくても、うえにあげたようなミソジニーの差別性・暴力性・恣意性を検討すると、女性たちが意識をどの程度しているかはともかく、潜在的ミサンドリーをかかえてしまう宿命はいたしかたないとおもいます。実際、ミサンドリーがらみの男性殺害と、ミソジニーによる女性被害者の数は、統計的に比較する必要がないだけの圧倒的格差があるわけですから。

　一方、これらミサンドリーの副産物として派生してでた現象として、女性戦士キャラ(「戦闘美少女」)があげられるとおもいます。「ニキータ／アサシン」[10]など攻撃力の突出した女性にスポットをあ

てるもの、その派生型としては、日本のマンガ／アニメ／ゲームの美少女戦士キャラ（古典的なナウシカ／セーラームーンなどもふくむ）があります。これらヒロインたちの登場の背景に男性性＝暴力性＝平和破壊者という経験的ミサンドリーにもとづいたレッテル（本質主義）があることは明白です。

　そもそもヒーローもの自体、平和を希求する当事者が不運にまきこまれやむなく戦闘にむかうという構図によって正当化がはかられてきましたし、戦闘目的も自衛や救出などがメインでした。つまり、「秩序をとりもどすのだ」といいつのって、結局は略奪者として凱旋してしまう「桃太郎」型、いいかえれば旧日本軍をふくめた旧来の帝国主義的軍事組織とはことなる、「真の平和主義者がまきこまれてしまう紛争」という定番の合理化がつねに維持されてきたのが、現代のアクションものでした。しかしさらに、そこから侵略的イメージ（象徴的には、弱者の殺傷やレイプ）を完全脱色するためには、「本来被害者がわ」とみなされた女性、特にオタク的には美少女を蜂起する戦士にしたてあげる必然性があったのです[11]。

1-3. 階級差別ウイルス

1-3-1. 本質と感染経路：資産／地域格差を能力差と錯覚させるメカニズム

　経済階層が単なる量的な差異にとどまらない生活水準や学校選択・職種選択などにおける質的断絶となるばあいは、「階級」という厳然たる社会的身分格差を意味します。

　所得や資産で歴然とチャンスがことなり、ゆとりや外見が異質になるのですから、当人たちは、そういった格差を能力差・人格的差異と錯覚しがちです。経済格差を理由とした差別は当然のように正

当化され、バッシングも合理化されます。ただ、この階級差別ウイルスの複雑な点は、富裕度がたかまるほどおもてだって差別的とはならない点です。たとえば、ホームレスがり／生活保護バッシングなどの「実行犯」は、経済階級上は大半が中層以下です。富裕層は、構造的な経済格差で利益をえているので、貧困層などにめもくれないからです。「生活保護受給者はなまけものだ」といった反感をもつこと自体、精神的にゆとりがない証拠であったり、かなり意識的な努力によってその経済水準が維持されている結果だったりするのです。

いずれにせよ、「努力が富貴のみなもと」という勤労イデオロギーこそ、階級差別ウイルスの本質にあるとおもいます。実際には、運よく資産がえられようと（たとえば宝くじ当選とか、地価高騰といった「幸運」でも）、「富貴」は否定されません。

したがって、主要感染経路は経済的な格差拡大構造、低成長や不況などによる閉塞感ということになります。「現在は自由をはきちがえる人物がふえた（ふえるような教育やメディアの悪影響がある）」といった社会観にたつ層が共有している新保守主義（ネオコン）、「現在は社会福祉など先進国病でみんな政府の財源にたよるようになってムダがおおすぎる」といった社会観にたつ層が共有している新自由主義（ネオリベ）などが、現代的な典型的症状だとおもいます。両者は、実は思想的には正反対であいいれない理念のはずですが、経済的弱者を救済することに消極的ということで、無自覚に共闘してしまいます。

21世紀的なあらたな宿主の典型例といえば、経済先進地域の過去中層だった家庭出身の男性といえるでしょう。かれらは、ちちおや世代より所得・資産があきらかに減少している「相対的まけぐ

み」です。かれらは、女性の社会進出、外国人労働者の流入や生産拠点の国外流出、広義の複製技術を急伸させたICT[12]によって、職域・権限などをうばわれていく苦境にあせりを感じているのです。相対的剥奪感をおぼえたかれらは、女性・新来外国人などをライバルとして敵視していきます。もちろん、男性に感染したこれら不安にもとづくウイルスは女性にも伝染します。イギリスのEU脱退騒動は、その典型例でしょう。しかし、やけになっているとしかおもえない典型例は、やはりトランプ大統領誕生でしょう。

1-3-2. 具体的対策

　階級差別ウイルスは、人権意識の涵養、特に「自由・平等・友愛」など近代的理念という原点にたちかえることで感染を相当予防できます。ただし、それはラディカルに徹底する必要があります。レイシズム系ウイルスや男尊系ウイルスのばあいもそうですが、「自由・平等・友愛」など近代的理念を全否定するような野蛮な人物は、そうそういません。いるとしても、まわりでは、まずみつからないはずです[13]。しかし、「自由・平等・友愛」を日常的に徹底追求する人物も、そうそうみあたりません。それは「世間」との摩擦がおおきすぎるため、すくなくとも常識人にはできかねる姿勢だからです。いいかえれば、オトナというのは、これら近代的理念を一応ふまえているふりをして、適当に取捨選択など、かなりいい加減（よくもわるくも）に適用・不適用をきりかえる偽善者といえます。「（悪意の有無にかかわらず）ウソをつかない」という信条がほとんど実行不可能なように、いっさい偽善をなさないのも、実に窮屈で普通ではありません。

　逆にいえば、階級差別ウイルスなど、各種差別ウイルスの感染発

症を阻止するためには、「自由・平等・友愛」が普遍的に追求されているかどうかをたしかめればよいといえます。19世紀に奴隷解放、女性解放、児童虐待禁止、動物愛護、などが提起されたのは偶然ではありません。同時に20世紀後半になっても、人身売買・女性差別・児童虐待・動物虐待が根絶にはほどとおい現実、むしろ無数に潜在した現実があることは、新聞報道などをみていればそれなりに気がつくはずです(そういった報道がときどきあることに全然きづかないのは、社会を批判的かつ冷静に把握する訓練ができていない証拠です)。

　貧困問題についても、「自業自得」論などにたつ人物は、「資本主義社会自体が、機会均等など一度も保証したことがない」という普遍的現実にめをつぶっているだけです。構造的に機会が不平等化されているとか、ちょっとした不運が致命的打撃につながって事実上挽回不能であるといった世界中の実態をちょっとでもみききすれば、経済上の「自業自得」論などたてるはずがないのです。

　もちろん、世界の実態に少々ふれることがあっても、「対岸の火事」にしか感じとれないひとびとにとっては、無価値な情報です。たとえば、世界情勢について無関心なひとびとにとっては、NPO関係者がだしてきた紛争地帯を紹介するつぎのような文献も、「自分には関係ない」としか感じられないでしょう。

　　■鬼丸昌也・小川真吾『ぼくは13歳　職業、兵士。あなたが戦争
　　　のある村で生まれたら』(合同出版、2005)
　　■永井陽右『ぼくは13歳、任務は自爆テロ。テロと紛争をなくす
　　　ために必要なこと』(合同出版、2017)

1-4. 独善的潔癖症ウイルス

1-4-1. 本質と感染経路：無自覚な自己中心性がもたらす独善性＝錯覚の産物としての唯我独尊

　限度をこえた「きれいずき」とか強迫神経症的な行為など、さまざまな潔癖症がしられています。その本質は、「自分以外の外部環境は汚染されていて危険＝自分だけは安心できる清浄さが維持されている」というおもいこみ（独善性）とかんがえられます。

　同様の心理は、対人関係や集団に対する拒否反応にもみられます。さきにあげたレイシズムもその一例でしょう。これら独善性にもとづいた危険な水準の潔癖症は、歴史的には魔女がりやホロコースト、現代でも、ホームレスがり／ホモフォビア／HIVバッシングなど、多様な現実が散見され、その本質はかなり深刻です。イジメと同様、それらは合理的根拠（忌避すべき物理的・生理的危険）などもちあわせていないし、「自衛」行為だとかんがえて攻撃をくりかえす加害者たちは、主観的には被害者そのものだからです。かれら加害者の行動原理は、抗原抗体反応と同形です。「体内（ここでは消化器官も体外）に侵入した病原体等有害物を無害化ないし撃退する必要がある」という心理だからです。

　ほかに、優生手術や出生前診断など、優生思想にもとづいた「リスク回避」志向もあげておくべきでしょう。これらの姿勢・意識も「自分たちの集団内部に異物が侵入するのは危険だから排除しなければならない」という論理だからです。

　これらは、レイシズムと相当程度かぶる要素がありますが、基本的には、生理的嫌悪などを動機としてあげるような意味で、「自分たちの心身が危険だとおしえているのだ」という論理を本質として

かかえているとかんがえられます。これら独善的な潔癖主義は、基本的には「ひとりよがり」「うぬぼれ」「ケガレ意識」など、自己中心性と外界への不信感（不安）にもとづくものです。

　感染経路は、レイシズムと同様、公教育・マスメディア・フィクションなどさまざまな作品・家族ほか親類・知人、そしてネットメディアがかんがえられます。

1-4-2.　具体的対策：「外部」を汚濁と侮蔑・忌避する感覚からの「卒業」

　これら潔癖主義が自己中心性と外界への不信感にもとづくとのべたわけですから、その根治のためには、「天上天下唯我独尊」という誇大妄想を卒業しなければなりません。端的にいえば「自分は、そんなにきれいな存在でなどない（外部からの汚染を忌避するような清浄さなどもちあわせていない）」という、ごくあたりまえの現実を直視できるようになるということです。

　しかし、過剰防衛反応としてのアレルギーをかんがえればわかるとおり、「自分を攻撃してくる有害物」といった不安感からちゃんと解放されるのは、簡単ではありません。さらに、五感にかかわる不快感を「生理的嫌悪」として当然視しがちなわれわれは、それらを、当然の「実感」として正当化してやまないからです。「だって、きたない」「とてもくさい」など、忌避感を合理化する形容表現にはことかかないし、特に多数派集団に所属しているかぎり、そういった「実感」を追認してくれる「同志」はたくさんでるからです。そのばあい、事実誤認さえも修正されるのはマレとなりがちです。

　では、具体的にどう改善すればいいのでしょう。即効性はみこめないのですが、自分以外の「外部」が汚染されていて、自分は汚染されていない、という、客観的には誇大妄想でしかない「実感」を

「卒業」できるような、科学的思考スタイルをみにつけていくほかありません。

　そもそも、冷静に客観視しさえすれば、「自分だけは汚染されていない」という現実などありえないことがわかるはずです。たとえば消化器官は「体内を貫通するパイプ」として外部とつながっています。腸内細菌が全部「善玉菌」であろうが、完璧な消化・排泄が常時維持されるという理想状態がたもたれる保証など、どこにあるのでしょうか？　ビフィズス菌をとろうとか、乳酸菌が必要とか、外部から「善玉」を補給して「援軍」としなければいけない体調自体が「完璧」からはほどとおいはずです。さらに、消化器官という「体内のパイプ」などでなく、「本当の内部」たる内臓など各組織とそれを形成する細胞に侵入してくるウイルス等病原体がいっさい存在しない人体などありえるでしょうか。もちろん、誕生時から無菌室にいれられたまま完全看護といった人生が維持されるなら、理論的にはありえるでしょうが、通常の日常生活をおくる一般人の体内がそんな「無菌状態」のはずはありえません。

　つまり、われわれは万人が「無数の侵入者」との攻防をくりかえす「戦闘状態」を維持しているのだし、その常態化した攻防状態こそが、普通のバランスなのです。結膜に空気中の塵が付着すれば、なみだがあらいながすし、鼻腔にはいった塵は粘膜が唾液ほかさまざまな防衛システムによって、鼻汁を産出したり痰を形成したりして、「侵入」にまけないよう、もちこたえているわけです。

　このようにかんがえただけでも、「汚染されたものを完全に遮断する」といった防衛姿勢は不可能だとわかるし、「理想的体内」など幻想だと現実を直視するほかなくなるはずです。同様に「完全な除菌」も不可能なら、「放射性物質と無縁なシェルター」もありえ

ないし、テロリストなど危険分子を絶対はいりこませない入国管理など夢想だとわかるはず。戦前の帝国日本が、社会主義者を国体の破壊者とかんがえて完全排除しようとこころみ、特別高等警察や憲兵が監視をつづけても、結局、自壊するかのように国力を消耗させ連合国の包囲網に完敗しました。

ソ連をはじめとした社会主義体制が自壊し、1980年代までの韓国など開発独裁体制ももちこたえられず崩壊していったのも、「危険分子の完全封殺」といった国家権力の疑心暗鬼は、物理的に永続しえないということです。東アジアなどに残存する独裁体制も、いつ倒壊するのかといった不安感をけせないままもがいていることをみても、「純化」など不可能という経験的現実なのです。「絶対的権力は絶対的に腐敗する」（ジョン・アクトン）という格言を敷衍（フエン）するなら、「絶対的独裁は絶対的に硬直化することにより自壊する」という経験則を展開できるはずです。

このようにみてくれば、個々人の体内の「無菌化」が不可能であり、巨視的には国家体制や国際社会の「無菌化」などは不可能なことは明白だし、自分たちだけの「完全無欠のシェルター」への避難もムリだろうことがわかろうというものです。物理化学的－生理学的にも、政治経済的－文化的にも、不安にかられた個人・集団による「潔癖症」は、原理的に維持しえないのです。

そもそも、癌や膠原病、アレルギーなど、ヒトのおおくが免疫系の疾患から自由になれないように、動物は、外部からの有害物を排除しきれないだけでなく、自分自身の内部から発したさまざまな「異質」な存在の適切な処理さえ満足にできないのです。内外に発生するさまざまな「異質」な存在の適切な処理がどうにかできているあいだを「健康」とよぶのが適当なように、完全に同質な人間だ

けで構成された抗争と無縁な小集団など形成できません。「生理的に無理」とか「なんとなく、いけすかない」存在とも、適当な距離をたもって、やりすごすしかないのです。もちろん、国外など他地域からの流入する人間・物財・情報などを完全に遮断した「鎖国」など不可能です。自分たちだけの「完全無欠のシェルター」への避難の物理的不可能性の自覚こそ、過剰な潔癖症からの解放となるでしょう（次項参照）。

1-5. アンチ思想的多様性ウイルス

1-5-1. 本質と感染経路：視野のせまさ＝自己中心性がよびこむ思想的非寛容

「アンチ思想的多様性ウイルス」の性格は、レイシズム系ウイルスや独善的潔癖症ウイルスと同様、独善性・自己中心性にもとづいた「抗原抗体」反応です。本質は、独善的潔癖症ウイルス同様、非寛容な正邪・美醜意識などにもとづいた排外主義かとおもわれます。思想状況が多様なエコシステムや競合対立をくりかえすのが普通なのだという現実主義にたてず、「「きもちわるい」「いまわしく、おぞましい」異様なかんがえが世界を汚染しているらしい」といった不満・不安をかかえている層が宿主です。天皇制を前提とした反共主義を軸として、平和主義や自由主義さえも反国家的（「アカ」）であるとみなした風潮、ナチズムやフォーディズムをわらいのめした自由主義者を共産主義者とみなしたマッカーシズム（1950年代アメリカでの「アカがり」）、ソウルオリンピックのほんの1年まえまでの韓国社会[14]などをおもいうかべればよいとおもいます[15]。

ほかのウイルスでも同様の拡散経路がみられるのですが、アメリカなどで以前から指摘されてきた「エコーチェンバー」現象[16]は無

視できません。

> ……エコー・チェンバーとは「共鳴する部屋」と訳される。例えば、複数人から構成される「小さな輪（SNS）」の中において、同意見ばかり飛び交う環境に身をおくと、ある特定の人物（または発言者）の大きく偏った考えを助長してしまったり、偏った人と人との繋がりが確立されてしまう場合がある事を示している。
> 具体的には、「一人よがりな意見」を発信し、受け入れられない人を排除することにより、SNSはさらにエコー・チェンバー化する。まさに同じ考えや思想"のみ"が共鳴する部屋、エコー・チェンバー（共鳴する部屋）である。
> 部屋の形は、その当事者を中心としたハブ・アンド・スポーク型（ハブが中心人物でスポークが取り巻き）で形成された「本人の脳内」であったり、または決まったメンバーで組織されたトークルームで有ったりする。〔……〕
> さらに「その人の脳内」というのがキーワードで、SNS自体がパーソナライズ化されたバカの壁で構成されている事にも気づく。
> （「SNSで問題となっているエコーチェンバー化とは」[17]）

いえ、そもそもネット上の検索サイト空間自体が「まるで「泡」（バブル）の中に包まれたように、自分が見たい情報しか見えなくなる」、フィルターバブル現象をきたす構造をかかえており、その利用者は自分の利用履歴を考慮したアルゴリズムの自動処理（フィルタリング）に錯覚をいだかされるのです[18]。

Google検索などで、自分の既存の関心（当然かたよりがある）にパーソナライズ化された結果だけを「世界」と錯覚し、それをひたすらローコスト（短時間・低価格・省力化）で入手することしか

眼中になくなる。さらに「類は友をよぶ」で、にたもの同士だけでSNSや口コミで強化しあうわけですから、視野がせまくなることはあっても、ひろくなる可能性はほぼないとさえいえます(**知的視野狭窄化**、ましこ『加速化依存症』2-2、4-2-4参照)。

　職業的ジャーナリストであるとか、ネット右翼のように標的さがしを趣味・いきがいとしている層以外、自分の世界観と対立する、ないしそれをゆさぶるような価値観・存在を不愉快なものとして当然さけようとします。一方、ネット右翼は標的さがしが勤行(ゴンギョー)なのですから、敵対者としてだけ異質な価値観に接近します。いずれにせよ、自分とはことなる価値体系をとりあえず内在的論理にもとづいて理解しようといった発想は、人口の大半がもちあわせません。いずこも「世界の一般的状況として思想的多様性が現実なのだ」という普遍的原理をうけつけないのです。

　これとカガミにうつしたような対称形をなしているのが、ヘイトスピーチデモなどに対抗するアンチ・デモの集団といえます。アンチのデモ隊のヘイトスピーチ批判が本質的にどんなに妥当であろうと、暴力も辞さないとか、人格否定してもかまわない、といった次元に姿勢・意識がいたった時点で、もはや「いきすぎ」段階に突入するのです。タカ派が「犯罪者には人権などない」といった暴論をはくのと、そっくり同形の反動なのです。アンナ・フロイトは、攻撃者との同一視という防衛機制を指摘しましたが、思想上の非寛容にもあてはまります。

1-5-2. 具体的対策：視野狭窄をさけるための「外部」の意識化

　症状を悪化させる主要メカニズムとしては、現代社会のばあいネット空間やケーブルテレビなど、無料・有料の情報サービス、そして同質性のたかいネットワークをあげるべきでしょう。知的視野狭窄化をこれ以上こじらせないためには、まずは社会学・人類学・地理学など、人類存在・活動の多様性を不断にとりあげる社会科学をひとつの「ワクチン」として接種するのが適当です。

　これら「ワクチン」接種後は、個々人が多様性をたもちながらも「ランダムな分子」のような存在ではなくて、かかえる複数の属性を介して社会に規定された（多重性・多面性をかかえた）存在なのだと理解できるでしょう。さらに、それら個々人を規定・包含する社会自体が多様でありかつ流動的な空間・ネットワークの集合体なのだということも理解できるはずです。このプロセスによって、社会・個人をみつめるまなざしは視野を一挙にひろげ、動体視力をふくめた「視力」がましていくのです[19]。

　同時に、現代と密接に関連をもつ近現代史について、こまめにふりかえる作業も、並行して接種すべきワクチンとしてあげるべきでしょう。同時代における人類存在・活動の多様性をおうだけでは、「いま・ここ」について充分な相対化ができないからです。「ここ」で過去におきた現実、過去から「いま」にいたる経緯など、時間的動態をふまえる必要があるからです。

　可能なら、あわせて論理的整合性とか、理想形をつかった思考実験によって、「いま・ここ」の現実を相対化することもできます。空間上の比較対照、時間上の比較対照だけではなく、並行して論理・理想と「現実」をつきあわせることで、「現実」がちがってみえる可能性があるからです。

政治思想史家のダグラス・ラミスさんは「影の学問、窓の学問」というエッセイで、以上のような比較検討を「過去へ通ずる歴史の窓、現在ある他の社会へ通ずる窓、そして純粋な理論の世界にある理想社会へ通ずる窓」としてえがきだしました（ラミス1982：22-23）[20]。これは、真理探究のための使徒としての研究者が「窓の学問」の担当者であり、かつ、「いま・ここ」を相対化するための3種の「窓」の門番なのだという指摘です。しかしそれは同時に、われわれ自身に「窓」から「外部」をのぞく意志があれば可能だから、まねようという提案でもあります。

　ラミスさんが体制護持のためにつかえる御用科学を「影の学問」と指弾している以上、「窓」から「外部」をのぞく意志をもつと危険だからやめておこう、といった消極的な虚無主義のはずがありません。思想的多様性への非寛容からの卒業にも3種の「窓」から「外部」を観察し「いま・ここ」と比較対照し相対化する作業は必須です。

1-6. コロニアリズム系ウイルス

1-6-1. その本質：他空間に対する侵略・寄生

　「コロニアリズム系ウイルス」は、本来レイシズム系ウイルスなどと並置してとりあげるべきかもしれませんが、共通点などは多々あるものの、本質的には同根とはいえない要素によって生起・伝播しているとかんがえられます。「コロニアリズム系ウイルス」の性格として、異質な存在を劣位とみなして攻撃・排除するという要素は二次的なものにすぎず、その本質は、「のっとり」意識（他空間への侵略・寄生）にあるからです。「コロニアリズム」が「植民地

主義」と訳され、実際「殖民」行動の蓄積による地域支配や、その結果・経緯にもとづいた遠隔地操作であるとか、さまざまな搾取に本質があるように、「コロニアリズム系ウイルス」の攻撃性の本質は、寄生現象と「うばう」作用にまとめることができます。このウイルスに感染すると、ともかく他者・他空間の資源を、やたらと、ひとりじめにしたり、支配したり、いじめたりしたくなるようです（依存症）。

　そもそも、アフリカ中央部から何万年もかけて世界中のすみずみにまで、すすみつづけた人類自体が、「移動するヒト」ないし「殖民するヒト」という性格をかかえていたとかんがえられます（「成功した農耕集団」だけが定住生活を自明視する）。一族が何百年もすみつづけるといったケースは全人類の歴史からすれば少数派であり、人類は、よくもわるくも、森林や草原、海洋へと進出し、進出空間でさまざまな素材を収奪する存在なのです。

　もちろん、乱獲・乱伐などをくりかえせば、当地をすてて、また新天地をめざさねばならないことに、人類ははやい段階から気づいていたはずです。だからこそ、焼き畑農業のように、休耕期間をかならずとるとか、放牧のように非常に広域をわたりあるくといった体制で生態系を破壊しないように配慮してきたのです。農業のように、土地の生産力を露骨にうばう手法のばあいは、動物に糞をさせるとか、コヤシをすきこむとか、栽培作物がくりかえしそだつような土地の人工的改良を技術化しました。

　そういった、生態系との共存という人類がかちえた知恵を放棄してしまったのが、18世紀以降の西欧社会だったといえそうです。新大陸はもちろん、それ以外の地にもさかんに殖民をくりかえしたかれらは、狩猟採集民の生態系にずかずかとあがりこみ、入植地を

確保しては農牧業・漁業を展開し、先住者たちをどんどんおいやる態度をあらためませんでした。南北アメリカ大陸やシベリアでヨーロッパ人がやらかした植民地主義は、大航海時代の第一波で充分破壊的なグローバル化を発生させましたが、資源収奪を入植地獲得によっておこない、さらには工場生産による過剰な大量生産物のうりさばきさきとしての大市場の獲得をめざした19世紀から20世紀にかけて展開された第二のグローバル化として、猛威をふるいました。現在も拡大再生産をやめていない「コロニアリズム系ウイルス」は、大航海時代に発生し、数世紀にわったって世界中に展開していった強烈なミーム（「人々の間で心から心へとコピーされる情報」〔ウィキペディア〕〔本章注1参照〕）です。

しかも、優生思想をかかえた「レイシズム系ウイルス」と、あいたずさえて世界中に猛威をふるいつづけた伝染性のたかいウイルスであり、基本的にナルシスティックな自己満足かルサンチマンをかかえたナショナリズムをともなっているのが普通です。宗教上・政治上などさまざまな理由で故地をはなれるほかなかったという被害者意識は、ユダヤ系などに特徴的ですが、質・量双方で異次元の加害性をおびたのは、やはり新大陸などに殖民していったヨーロッパからの大人口だったわけです。

ラテンアメリカ（中南米＝スペイン語・ポルトガル語圏）も、アングロアメリカ（北米＝英語・フランス語圏）も、太平洋（英語圏・フランス語圏ほか）も、先住者やアフリカ系奴隷に対する蔑視（レイシズム）と、欧州のコピーのようなナショナリスティックな対抗意識がおおいましたし、アジア・アフリカを支配した植民者たちも、在来文化への蔑視が基調でした。

そして、巨大経済圏でありつづけた中国大陸や、欧米のコピー帝

1章 「社会的ウイルス」感染防止のために　　39

国と化した日本列島など、そして古代文明の継承地域としての南アジアなどについては、エジプト・トルコなど中近東とならんで、**オリエンタリズム**（本質主義的[21]な一般化による美化と軽侮）の対象としたのです。東アジアなら、茶器や古美術、カンフーをはじめとする武術[22]など神秘の技法などが無数に継承されてきた不可思議な空間として、あるいは京都の芸子文化などをはじめとした種々の「接待文化」の地として、など、さまざまな意味で「神秘の空間」とみなされたわけです。

　以上、欧米人が、欧州以外の各地で「着目」「着手」した人材・物財や情報は、程度の差はあれ、支配下におかれます。「新大陸」とは、ユーラシア大陸・アフリカ大陸以外の居住可能空間でしたが、そのいずれにもヨーロッパ人が侵入・定住し、大半で支配者となりました。「旧大陸」から「新大陸」へ奴隷として輸送された人口も大量でした。しかもそれは現在も、欧州や北米などのスポーツ市場のアリーナ（闘技場）でたたかわされる戦士たちにみられるように、しばしば大資本に売買される現代の剣闘士のような身分で、決して自由な市民とはいいがたいのです。植民地主義や奴隷交易は、なくなるどころか、洗練化されただけにもみえます。

　韓国や日本のように米軍が基地を維持しつづけている軍事植民地などもみすごせません。1980年代までの韓国や、現在の沖縄島のように、米軍基地が維持されるためには、居住者の人権蹂躙が自明視されるようなケースもめずらしくないからです。「沖縄戦」（1945年）や「朝鮮戦争」（1950～53年）で確保された制圧圏は狭義の米軍基地周辺にとどまらず、現地政府の自治権をかなり圧迫した（しばしば治外法権的でさえある）準保護国化政策がつづいているのです。

　これらはみな、「必要なもの（ヒト／モノ／情報等）は、うばう

かコントロールする」「寄生する」という原則にそった行動原理なのです。そして厄介なのは、これらウイルスの宿主は国家エリートや経済エリートに限定されない点です。たとえば、大学関係者は、医学・人類学研究と称して、人骨や血液などを収集するという名分をうちだし、長期借用という名目ならマシな方で、盗掘や略取をもって収奪することがしばしばでした。帝国日本でも、アイヌ人骨をはじめ、さまざまな事例が歴史家・考古学者から提起されています。

1-6-2. その感染経路：植民者たちから現地エリートへ

　この「コロニアル系ウイルス」の主要感染経路は、軍隊と経済学者たち[23]です。それぞれが軍政・民政という支配システムを伝播させてきました。農林水産物であろうが鉱物資源であろうが、書画骨董であろうが、「きみたちには、真価が理解できていない」「きみたちには有効活用する合理的手法が欠落している」といった論法で、現地からの略取・強奪はもちろん、人材もふくめて膨大な「希少財」が支配下におかれ、あるいは無期限借用の対象になりました。

　当然、こういった「洗練された強盗」的姿勢は、現地エリートにも伝播します。帝国日本の軍事エリートが植民地を奪取する先兵となっただけでなく、現地を公安警察的な監視のもとにおくとか、軍事顧問団常駐というなの現地王国の傀儡(カイライ)化など、朝鮮・満州などでくりかえされた帝国主義は、軍人と並走するかたちで植民学にそった現地支配を実行した経済官僚たちでした。そして、これら国家官僚の姿勢は、たとえばドイツからせしめた北太平洋の委任統治領などのばあいなら、商社や製糖企業・水産企業など民間のビジネスマンたちにもコピーされました。

これら、現地支配の姿勢が、オランダ・イギリスなどの東インド会社などに起源をもつことは、すぐわかるはずです。北海道や沖縄県のように、少数民族の生活圏や王国がそっくり簒奪(サンダツ)されたケースもあります[24]。

1-6-3. 具体的対策：略奪・強奪行為に対する羞恥心の涵養

　「コロニアリズム系ウイルス」の感染予防対策としては、「他者からうばう」という行為の卑劣さ、破廉恥さを周知し、それをいさぎよしとしない若年世代をそだてつづけること以外にはありません。自分のものをとられたり、帰属物・テリトリーを支配されたら、恐怖・不満などが生じるという、あたりまえのことを理解させることこそ、ワクチンです。要するに「ぬすむなかれ」「うばうなかれ」「はじをしれ」という、ごくごくあたりまえの倫理観を内面化させること、「ジャイアニズム」（『ドラえもん』の登場人物ジャイアンに由来する）をもっともはずべき姿勢として忌避する感覚を涵養すればいいわけです。

　「よわいものから、うばうことが、なぜわるい」といった勘ちがいをつづけたまま思春期以降まですごしてしまった人物には、改心できるまで収容キャンプで研修ビデオなどをみさせる必要がありそうです。性暴力などと同様、他人のものをとってはいけない、ちからずくであろうが、詐欺的な手法であろうが、それが、実にはずかしい行為であり、人格をどんどんおとしていく過程なのだと、なっとくさせる必要があります。

　「うばえる」という物理的・政治的優位性は、法的・倫理的な劣位性を意味しているという構造、スポーツやゲームなど「フィクション」のなかでは正当化されるかもしれない構図でも、実社会で

は実害のあるハラスメントなのだという現実、殺人者が自身のたましいをけがしていき根源的不安が蓄積していくか倫理的鈍麻が進行するのと同様に、社会的制裁をうけるうけないは別にして、自身の尊厳のためにこそ忌避すべきであるという倫理の確立です。「なさけは、ひと（他者）のためならず」をモジるなら、「自重・我慢は、ひとのためならず」です。

　同様のことは、企業人や研究者養成機関でも不可欠でしょう。商行為や学術研究といっても、絶対やってはいけない手法がいくつもあって、それら非倫理的行為をいかにしてさけるか、それら非倫理的行為にきづかずに他者にダメージをあたえてしまうハイリスク空間はどこなのかなど、さまざまな研修と相互批判による啓発過程がかかせないのです。

　もちろん、宗教的倫理がもはや万人の共通感覚ではなくなっている現代社会において（特に一神教社会ではない多神教社会や無神論者空間のばあい）、「ぬすむなかれ」「うばうなかれ」を単に道徳規範として学校教材や啓発パンフなどで発信しても、効果はあがらず、むしろ公的空間での表面的・形式的な「遵守ポーズ」など、偽善的な卑劣さを助長しかねません[25]。「姦淫するなかれ」を遵守させるたちばにあった聖職者が少年たちを性的に虐待しつづけてきた経緯や、それを矮小化したり隠蔽しようとしたのが、ローマカトリック関係者だったという現実は、まさにめをそむけるばかりの惨状です。

　しかし、偽善性をみのがせば、同様の事態は簡単に潜在してしまうのです。そして、性的禁欲というキリスト教のもつ倫理性が、非常にねじれたかたちで抑圧され、かつ女性性の搾取の回避として少年の性的尊厳を蹂躙し、性的搾取という蛮行をくりかえした神父たちは、まさに「コロニアリズム系ウイルス」の典型的宿主にほかな

らなかった、という皮肉を、あえてここでは指摘しておきましょう[26]。

　これら、実ににがい実体験がおしえてくれる教訓は明白です。表面上の体裁だけとりつくろっておけば、あたかも善良であるかのような「仮面＝偽善」の容認・黙認をいっさいしない。かりにそのような現実がわずかであれ発見されたなら、それを病理として認識し、ピアカウンセリングをふくめた矯正プログラムを義務づけること、それをこばむようなら、医療刑務所のような収容施設で必要時間をすごさせるしかないということです[27]。

　また、「うばえる」という物理的・政治的優位性を、スポーツやゲームなど「フィクション」のなかでは正当化されるかもしれない構図だとのべましたが、「うばえる」という物理的・政治的優位性を正当化・誇示することを称揚する広義の「フィクション」を野放図に容認していいのかも議論すべきでしょう。現在まで、しばしばくりかえされてきた「空爆」も、すべて「正義」をうたったうえで作戦が実行されました。その起源が日本軍による重慶爆撃（1938〜43年）や、ヒロシマ－ナガサキなどまで、さかのぼれることは容易に理解できます。ゲームや映画のなかでの「正義」の「実践」は当然あじわってよいカタルシスなのか、真剣にかんがえるべき時期がきました。

　「男尊系ウイルス」がフィクション作品や家庭などを介して感染しつづけてきたように、「コロニアリズム系ウイルス」も、「レコンキスタ（失地回復運動）」など、さまざまな「正義」を理由に「フィクション」作品などを介して感染力の猛威をふるってきたのでした。

　思想信条への国家権力などの介入は危険ですが、ほかの社会的ウイルス同様、「感染経路」問題は検討すべき段階にきたというべき

でしょう。強者が弱者からうばう正当性など、あるはずがないのですから。ファシズム制圧を正義として帝国日本占領を当然視したアメリカほか連合国が、その「正義」をうたがわなかったことに右派は反発しますが、批判すべきは「戦勝国の恣意的正義」の問題ではなく、「強者が正義をかざしてうばう権限の欺瞞」「必要悪／正義の鉄槌(テッツイ)と称して行使した暴力」なのです[28]。

注

1 かりているイメージは、実は「コンピューターウイルス」から直接ではなく、文化人類学や生物学で「ミーム（meme）」とよばれてきた概念。

「ミーム（meme）」とは、イギリスの生物学者リチャード・ドーキンスが生命体における「遺伝子（gene）」とにた機能をはたす文化伝承の媒体をなづけた呼称。利己的な独善性をかかえているかのようにはたらく遺伝子の作用を「利己的な遺伝子（selfish gene）」と擬人的になぞらえたドーキンスは、同様に、ヒトの文化伝承も利己的に自己増殖しようと宿主の大脳に寄生しては伝播の機会を虎視眈々とねらって暗躍し、実際伝播のにいてとして操縦してきた、といった、いささか皮肉っぽい文化観を提起した。ドーキンスによれば、遺伝子がミスコピー（自己破壊的にはいたらない範囲にとどまる）をふくめて、ひたすら自己複製にいそしむかのようにみえるのと同様、「ミーム」もヒトの大脳に寄生しては、個々人の行動をとおしてひろがろうとするウイルスのような存在である（「人間の脳は、ミームの住みつくコンピュータである」〔ドーキンス 2018：339〕）。

本書では、このドーキンスによって提起された「ミーム」概念のうち、あきらかに有害な作用をひきおこす性格のものを「社会的ウイルス」と位置づけ、その特定と疫学的モデルを紹介する。

なぜ、すでに一部では術語として定着している「ミーム」をつかわず、あらたに「社会的ウイルス」という呼称・概念をもちだすのか。それは、

（1）一般には「ミーム」概念は全然定着していないし、英語圏の生物学的モデルの異端児的存在をわざわざ紹介しなおすのは、ムダにみえる。

（2）「ミーム」は客観中立的な位置づけで文化現象を説明しようとする擬人論的モデルだけれども、本書の目的は攻撃性の伝染という社会問題解決のための準備なのだから、有益なミームの作用とは別個にあつかうべきだ。

（3）「コンピューターウイルス」という疑似生物学的用法が定着している以上便利だ。

という理由からだ。

2 唯一、法的身分として境界線が明確にひけるはずの「国籍」によって決定できるはずの「国民」も、実際には二重国籍や無国籍など、さまざまなグレーゾーンが存在し、きっちり「国民／外国人」の二分が簡潔にできるわけではない（ましこ 2008）。

3 さまざまなグレーゾーンが存在し、きっちりとは区分できないカテゴリーとして「人種／民族／国民」などがありつつも、それらを実体視する（「本質主義」が支配する）社会こそが「実態」なのだという現実主義から、社会学や人類学は出発する（ましこ 2008）。この、物理的実体などないのに社会的現実として存続しつづける実態（共同幻想がかたちづくる求心力・

遠心力）を記述するという、かなり屈折した姿勢を、社会学・人類学などの集団論はもってきた。

4　ミソジニー（misogyny）は「女性嫌悪」などと訳されてきたが、もっともちかいのは「女性蔑視」とおもわれる。なぜなら、ミソジニーにこりかたまったオトコたちが女性と性的接触をきらうのかといえばそうではなく、性暴力もふくめて性的対象としての女性性にむしろ依存している（標的・搾取対象として不可欠の資源と位置づけ、同性同士ライバル関係にある＝「ホモソーシャル」空間とよぶ）からだ。

　　(1) 女性的な要素・イメージを絶対的劣位とみなし、常時優位にある自分たちオトコが自在に利用・放棄可能な本質だという幻想を共有する。
　　(2) オトコたちの支配領域として無責任がとおる領域として、性生活をはじめとする私生活（オンナ・コドモの世界）があるという、性的搾取と公的政治経済空間の優位を自明視している。
　　(3) 女性的な要素・イメージが自分たちオトコにまとわりつくことを弱化＝非男性化として忌避する（ホモフォビアをはじめとして、男性の非男性化・女性化を徹底的に軽侮・嫌悪するし、成人男性への最大の侮辱は性暴力など非男性化として自尊心を破砕すること）。

などの複合体をミソジニーとみないと、全体像や本質をみうしなうとおもわれる。

5　のちほどふれる、ホモフォビアをともなったHIVバッシングやホモがりなど、男性同性愛者への恐怖・忌避をはねのけようとしてもたらされる侮蔑・矮小化など、本質主義にもとづいた暴力性はきわめて危険な存在だ。

6　男尊ウイルス＝ミソジニー・ミームに寄生された宿主の主要な標的が女性であること（少年などのレイプ被害はあるものの）は、2018年のノーベル平和賞が性暴力抑止と被害者救済運動の活動家2名だったこと（2018.10.05）、受賞をあとおししたのは、アメリカ発で日本にも波及した「#MeToo運動」（性被害告発運動）の世界化だったことは、象徴的である。

　　性暴力は加害者の性的欲求から行われることもあるが、経済的、政治的な理由から組織的に生じることも多い。紛争下の性暴力に相当な影響力と破壊力があるため、ムクウェゲ医師は性暴力ならぬ「性的テロリズム」と呼んでいる。〔中略〕

　　性的テロリズムは、世界各地で広く使用されている自動小銃「AK47」のような武器と違って購入とメンテナンスを必要としないため、費用がかからず、体一つで多くの人々を精神的にも身体的にも痛い目に遭わせられる。

　　しかも、時折例外もあるが、被害を受けた身体の部分が女性としては他人に見せにくい部分であるため、性的テロリズムはその証拠を残

すことも安易に他人に見せることもできず、不可視化されている。

加えて、コンゴのような紛争国では司法制度はほぼ機能していない。結果として、加害者は不処罰でいることが多く、まさに最も効果的で安上がりな武器である。　　　　　　　　　　　　　　　　　（米川2018）

7　このミソジニー甘受戦略を生業・業界として発達させてきたのが、いわゆる「水商売」と「性風俗」、そして「グラビア」「ポルノ」周辺の世界といえる。権力をにぎった男性を侍女としてたてる生業・業界が「水商売」系であるとすれば、露骨に性的対象としてセクハラ的状況を甘受する生業・業界が「性風俗」「グラビア」「ポルノ」周辺と位置づけることができる。

　男性むけ接客業がその主力商品が飲食サービスではなくて、会話をふくめた女性の性的魅力を前提としている点、スナック・会員制クラブといった店舗の女性店長がしばしば「ママ」と称され、年長男性からもそうよばれる点などは、現代日本のオヤジ文化の女性依存傾向を端的にしめしている。戯画化されているとはいえ、会員制クラブの体質を象徴的にえがいてはじないものとしては、松本清張原作のテレビ朝日系ドラマ『黒革の手帖』（2017年7月期）を意識した「ハズキルーペ」のテレビCM（2018年9月開始）などをあげることができよう。

　一方、SMクラブなどでの「女王様」系などを例外として、「性風俗」「ポルノ」周辺での役割・モチーフが、女性の尊厳・性的主体性を基本的には否定・侮辱する設定となっていることは、いうまでもない。露骨にミソジニーを表出させることでの男性がわの快感こそが性的商品として制度化したものだからだ。これは、アニメ・ゲームなどでの「ロリコン」系をはじめとして、女性の性的商品化を軸とした作品の大半の基調といえよう。「グラビア」のもつ政治性については本書3-1-1. 参照。

8　https://ja.wikipedia.org/wiki/モンスター_(2003年の映画)
https://en.wikipedia.org/wiki/Monster_(2003_film)
https://ja.wikipedia.org/wiki/アイリーン・ウォーノス
https://en.wikipedia.org/wiki/Aileen_Wuornos

9　https://ja.wikipedia.org/wiki/I_SHOT_ANDY_WARHOL
https://en.wikipedia.org/wiki/I_Shot_Andy_Warhol
https://en.wikipedia.org/wiki/Valerie_Solanas

10　フランス映画 "Nikita"（1990年）、アメリカのリメイク作品 "Point of No Return（The Assassin）"（1993年）

11　斎藤環『戦闘美少女の精神分析』（2000）、https://ja.wikipedia.org/wiki/戦闘美少女

　なお、「美少女」にかぎらず、女性戦士全般にからみつく本質主義やセクシズム、オリエンタリズムなどを俯瞰している作品としては、斎藤美奈子『紅一点論――アニメ・特撮・伝記のヒロイン像』が秀逸である（本書3-3. 参照）。

12　情報コミュニケーション技術の急伸の現代的意義は、オートメーションな

ど物財の大量生産が普及した時代における複製技術とは比較にならないレベルで、万物が低コストで複製可能になった点にある。それは電子工学が0/1という二種類の信号の配列だけに還元できるという特殊性にあったが、それが20世紀後半には、唯一無二性を広域で徹底的に破壊したのである。人間的作業とかんがえられてきた官僚的業務とか創造性の典型例とかんがえられてきたアート関連でさえもロボット化されていったのだ。

13　そのおおくは徹底的にかんがえぬいたすえに「非常識」にたどりついた少数者（哲学的エリート）かどうかはともかく、普通人の理解をこえた「変人」のはず。

14　政権にほんのすこしでも不満をとなえる個人・勢力を、一緒くたに「親北＝共産勢力」とみなして追求・排撃する、遍在する白色テロとでもいうべき異様な雰囲気は戦前の治安維持法下の日本社会や植民地朝鮮の再現のような空間ともいえた。1970年代末から90年代末の韓国を光州事件（1980年）を軸にえがいた映画『ペパーミントキャンディー』（2000年）、ソウル五輪の前年の韓国の過酷な社会状況と変革をえがいた映画『1987、ある闘いの真実』（2017年）など参照。2018年9月に日本で公開された後者は、実話をもとに、主要登場人物が実在したという作品。冷戦構造のもと、反共意識で集団ヒステリーを慢性化していた韓国の監視社会と、残忍な拷問や残虐な鎮圧など、バブルにはしっていく80年代の日本と対照すると、その苛烈さがきわだつ。時代背景については日本語版ウィキペディアの「朴鍾哲」「6月民主抗争」「民主化宣言」「光州事件」など参照。

15　ほかにも標的はいろいろあり、たとえば新宗教で一定以上の政治的・経済的影響力を行使するようになったもの（「霊友会」をはじめとした与党と密接な教団や、「幸福の科学」など政府を一貫して右派的に援護射撃する勢力は、なぜか除外される）や、オウム事件をひきおこした経緯などもふくめたカルト教団に対する、強烈な異端視は、注目すべき現実といえよう。

16　https://ja.wikipedia.org/wiki/ エコーチェンバー現象

17　『IT技術者ロードバイク日記』2014/11/4（http://rbs.ta36.com/?p=12104）

18　https://ja.wikipedia.org/wiki/ フィルターバブル

19　ろう者たちの手話をささえる鋭敏な動体視力はもちろん、視覚障害者たちの聴覚、盲ろう者の繊細な触覚をイメージしても、よいはず。

20　このエッセイを巻頭にすえた論集は入手困難になっているが、近年自選集のなかに採録された（ラミス2017）。

21　きっちり切断できない連続体＝現実を直視できず、差異を「実体」視する幻想的思考のこと。

22　日本列島周辺に限定しても、柔道・合気道・空手・弓道など各種武術の近代版としての武道、そして近世に興業化した大相撲など、「日本マニア」をひきつける「マーシャルアーツ」はたくさんそろっている。

23　コロニアリズム前半（グローバル化第1波～第2波）の先兵は、探検家・

人類学者・宣教師たちであった。あからさまな領土的野心を全員が共有していたわけではなかろうが、近世初期まで東アジアに布教にやってきたイエズス会関係者も、その典型例である。中南米で収奪のかぎりをつくし大量に殖民し、アフリカから奴隷を輸送した植民者たちの、つゆはらいをしたのが「愛の使徒」のはずの聖職者だったというのは、皮肉にすぎる。

24 北海道なら北米の植民政策が意識（先住民からいかに広大な空間をとりあげるか）されていたし、「琉球処分」（1879年）による沖縄県設置が、アメリカによるハワイ王国簒奪（1893〜98年）などにていることも、すぐわかるはずだ。もちろん後者のばあい、帝国日本のマネをアメリカがしたはずもないが。

25 実際、部落差別を抑止しようとした「同和教育」「解放教育」のおおくは、タテマエ上の差別禁止をはびこらせただけだったし、「差別語禁止」運動も、結局「回避すべき表現」集の形式的遵守などばかりが支配的になり、北米での "political correctness" への反発がトランプ現象とつながったりといった逆効果をまねいたりしてきた。

26 したがって、たとえば浦上天主堂などに象徴される長崎のカトリック信者たちがいかに崇高な信仰態度を継承してきたか、それをもたらしたイエズス会関係者の宣教活動がいかに重要だったかとは別に、アメリカ・オーストラリアなどで蛮行をくりかえした神父たちは、中南米で蛮行をくりかえしたイベリア半島勢力の先兵だった宣教師たちの「忠実な継承者たち」だったという皮肉をいうことができる。

　もちろん、聖職者たちの大半は誠実で禁欲的な人物であり、堕落した分子は例外的少数だったわけで、それこそ「カトリック聖職者＝性的放縦にはしりがちなコロニアリズム系ウイルス感染者」といった本質主義的バッシングがあきらかな誤謬であることは明白な事実だが。しかし同時に、現在のローマ法王周辺が批判をあびてきたように、法王庁周辺のエリート聖職者たちが、おぞましい現実からめをそらし、事態を矮小化したがるような卑劣な人物たちだったのではないかという疑惑は、つよまるばかりである。

27 実際、教会等密室空間を悪用して長期にわたって性的暴行をくわえるといった蛮行が可能というだけで非常に重度な精神障害というべきだ。したがって、性暴力者であれば、被害感情の沈静化過程として刑罰を科すだけでは不足であり、再犯はまずしないだろう、という診断がつくまでは、矯正プロセスをつづけるほかないとみるべきではないか。

28 もちろん、同様の批判は「大東亜共栄圏」などをうたって占領したアジア・太平洋各地での恣意的権力行使や、オランダ人慰安婦動員をふくめた収奪など、帝国日本のさまざまな権力犯罪にもあてはまる（6章参照）。

2章
「ハラスメント依存症」治療のために

本章のねらい

攻撃性のたかい社会的ウイルスは、宿主の脳内に報酬系を形成することで、一種の依存症状態を形成する。ハラッサー（攻撃者）は、ハラッシー（標的）をさがしつづけ、ハラッシーは被害経験をへて攻撃性をコピーしてハラッサー予備軍と化していくわけで、そのドラキュラ的悪循環を遮断しなければならない。こういったハラスメント依存症の治療・コピー回避のためにすべきこと＝社会学周辺の知の活用をかんがえていく。

「ハラスメント」は、法律などでとりしまるばあいには、差別の一種としての「いやがらせ」行為などと特定されるのが普通です（金2018）。たしかに、そうした公権力による抑止目的などのばあいは、職場・学校など公的空間が自明視されているようです。しかし、安冨歩さんらによる「ハラスメント」の伝染モデル[1]をみたとき、それは公的空間での優劣関係（上司-部下関係、師匠-弟子関係etc.）などにはとどまりません。ひとを陰鬱にさせ不幸にする要因としての「ハラスメント」を安冨さんたちは「悪魔」とよんでいます。

　「悪魔」は公的空間にかぎられないし（DV・虐待etc.）、弟子側など組織上の劣位からの攻撃としても出現します。ハラスメントの一部は差別だけど、相当部分は、上下関係・公私とは関係なく発生してきたのです。実際、家庭内などにおけるDVであるとか、友人間でのイジメなどをかんがえたとき、安冨さんたちの「ハラスメント」イメージの方が、ずっと柔軟で応用性がたかそうです（安冨・本條2007）。

　そもそも本書は、差別としてのいやがらせ行為の本質を特定するとか、公的空間で発生しないように抑止しようといった目的だけでかいてきたわけではありません。家庭内・パートナー間など私的空間もふくめた、いやがらせ行為の本質を整理し、その発生原因・伝播過程を特定し、悪化を防止しようというこころみなのです。

2-1.「ハラスメント依存症」の本質:ハラッサー(攻撃者)とハラッシー(被害者)

「ハラスメント」は、これまでのべてきたような、攻撃的な「社会的ウイルス」に感染した宿主が、標的を確保し、攻撃をやめられずにくりかえす現象をさします。要するに、被害者への依存症なのです。

たとえばDVや児童虐待など私的空間での物理的・精神的暴力や、パワーハラスメントやセクハラなど公的私的空間での物理的・精神的暴力が反復される現実は、加害者(ハラッサー)がわの自覚の有無にかかわらず病理現象です。裁判での「パワハラ認定」は、被害の深刻度や冤罪事件の発生防止のために判定マニュアルなどが整備されてきたわけですが、現象の本質という意味でも「反復行為」という現象は、依存性の露呈すなわち病的心理の発症現実としてみのがせないでしょう。つまり、被害者(ハラッシー)の苦痛の質的・量的深刻度だけでなく、加害者(ハラッサー)の精神病理の深刻度をしめしているのです。

DVや児童虐待、パワハラのおおくは「教育的指導」「懲戒」「しつけ」のなのもとに暴力行使がくりかえされ、しばしば、被虐待者がわが、そういった合理化のものがたりを信じこまされてきました。安冨歩さんらが着目してきた、アリス・ミラーやアルノ・グリューンら、ドイツ語圏の心理学者たちのナチズム研究が、それらを解析するうえで有効です(ミラー2013,グリューン2005)。

近年着目されるようになった**「指導死」**(大貫編2013)などは、過失致死的悲劇だとおもわれますが、すくなくとも主観的に「教育愛」を実践しているつもりのハラッサーたちは、標的がにげられな

い位置にかなしばり状態になっていることをいいことに攻撃をくりかえす点(リンチ状態)で、暴力のとりこになっていますし、しばしば、被虐待者(ハラッシー)のくるしむ表情や身体に表出する苦痛などに「よろこび」を感じているものとおもわれます(サディズム)。なかまのひとりを、あそんでやっているとうそぶいて、ニタニタわらいながら、イジメの標的とする人物と心理は共通しています(あいての苦痛を確認することで快感体験がくりかえされ脳内麻薬がでるメカニズム。当然、禁断症状的な心理機制がうまれて、くりかえしたくなる)。厄介なのは、「あそんでやっている」という主観と同様、「教育のためにムチをふるっている」という正当化がはたらき、あいてに苦痛をあたえて快感をおぼえているという心理メカニズムが否認されている点です。

　こういったハラッサーたち「社会的ウイルス」の宿主である感染者たちの暴力の温床は、密室ないし、それに準じた閉鎖空間です。家庭など私的空間がもっとも危険ですが、それだけでなく、企業・官庁の各部署、大学等の研究室、スポーツクラブや伝統芸能空間など、ガラスばりとはいえない小集団空間はもちろん、独裁者と「イエスマン」しかいない組織のばあいも、外部の第三者には組織内での暴力性はしられずにすみます。

　筆者は、こういった透明化されていない閉鎖空間の内部状況をさらに悪化させるメカニズムとして、**「社会学的密室」**というモデルを提起してきました(ましこ2007)。ハラスメントの被害者たち(ハラッシー)が、さまざまな理由で、「でていけない」とおもいこんでしまい、かなしばり状態にあること。つまり、物理的にはもちろん、法的にもその暴力的空間を退去する権利をもつのに、心理的抵抗から、退去できずにいること。そういった暴力的空間を、私的プ

ライバシーとか、企業秘密などの理由から、第三者が介入すべきでないと視察等がはばかられて、内部の暴力性が温存されてしまうような状況です。

このような、脳内麻薬メカニズムによる依存性問題と、それを助長する温床としての「密室」空間が遍在（各家庭が典型例）しているのですから[2]、DVや児童虐待の連鎖を簡単に遮断できるとかんがえる方がまちがっているし、企業秘密や病院・役所等公的機関の守秘義務などによって「透明化」に限界がある以上、温床の解消、暴力の絶滅が、気がとおくなるような課題であることも、すぐわかるはずです。

2-2.「ハラスメント依存症」の治療とコピー回避：治療／透明化／抑止

以上のような本質・メカニズムがあるとすれば、ハラッサー（攻撃者）とハラッシー（被害者）をへらしていくためには、(1) ハラスメントしたくなる心理の治療、(2) ハラスメントできそうな時空の縮小、(3) ハラスメント行動の伝播・拡散の抑止、という3つの領域での抑止運動が展開されねばならないことは、すぐわかるはずです。

このなかで、公的機関などの介在によってすぐに改善しやすそうな領域は(2)のハイリスク空間の「透明化」などの規制です。夜間の街灯をふやして街路をあかるくするだけで劇的に治安が改善するといわれているように、公的空間から「密室」がへっていけばハイリスクグループも相当数がおもいとどまるでしょう。なにしろ、公然わいせつ罪などと同様、白昼堂々と犯行におよべば「暴行罪」

「傷害罪」などの現行犯となるわけですから。

　プライバシーや機密保持が不可欠の公的空間や私的空間を「透明化」することには限界があります。たとえばDVや性暴力を防止するために監視カメラだらけにすることはできません。ただ、たとえば更衣室やトイレ・シャワーなど個室以外には監視カメラをとりつける（画像データは、うつされる当事者自身が管理する……）、といったシステムをとったなら、性暴力をはじめとした問題のほとんどは消失することでしょう（実現性はともかくとして）。

　また、これも実現性はほとんどありえませんが、「高速移動する密室」ともいわれる自家用車の私有を原則禁止とするなどすれば、誘拐や性暴力なども激減するはずです。家庭内に準じたプライバシーがたもたれつつ遠方まで短時間で移動できてしまうからこそ、自家用車はさまざまな凶悪犯罪に利用されてしまいます。それが基本的に私有できないとなれば、犯行現場までも、犯行現場からも、犯人たちがみつからずに移動することは不可能にちかいからです（公共交通機関を利用した誘拐や遺体輸送などは非常に困難）。

　しかし、これらハイリスク空間の縮減といった規制だけで暴力が根絶へとむかうわけではありません。プライバシーや機密の保持はさけられないし、監視カメラ等の死角は無数に発生するからです（死角の存在しない監視システムが実現したとすれば、オーウェルがえがいた『1984年』の「テレスクリーン」状態が誕生する）。そういった監視社会の誕生をねがう層もありそうですが、それ自体、病的な不安心理といえます。したがって、ハラッサー予備軍が「みつかるかもしれない」と警戒して自制するという消極的なかたちではなく、ハラスメントしたくなるような条件自体がなくなっていく必要があります。そのためにはやはり、(1) ハラスメントしたくな

る心理の治療と、(3) ハラスメント行動の伝播・拡散の抑止にも具体的方策が必要となります。

(1)「ハラスメントしたくなる心理」をへらしていくためには、(a) 標的自体の質的／量的縮小と、(b) ハラスメントによる快感発生や禁断症状の抑止がかかせません。

前者 (a) は、ハラッシー予備軍の自衛なり保護によって標的自体がみあたらなくなること。攻撃目標がみつからなければ、攻撃者は発生しないからです。ハイリスク空間の縮小に限界があるなら、ハイリスク空間をハラッシー予備軍（社会的弱者）が回避できるように、自衛・保護が徹底すれば、リスクは劇的にへります。犯罪学や社会学などを活用した、ハイリスク空間に対する知見とリスク回避マニュアルや訓練が周知徹底すれば、事態はかなり改善されるとおもわれます。

後者 (b) は、ハラッサー予備軍の犯行の根源を縮小・根絶していくことです。まずは、ハラッシーがハラッサーへと転化する過程（暴力の連鎖）を激減できるよう、これまでのべたような弱者保護が急務です。同時に「よわいものイジメ」などが、「みつかったら、はずかしい」「みつかれば社会的制裁をうけて汚名返上が致命的に困難になる」といった消極的な位置づけにおわるのではなく、「自分がひとでなしになるという意味で、たましいをけがし、結局自分にかえってくる」といった倫理感を共有させることです。「殺人にかぎらず、他者を攻撃する行為が、結局は自分自身の心理的安定に打撃をあたえ、幸福感をそこなっていく」という普遍的原理を歴史的事例に即して学習していくことが必要でしょう[3]。

さて、本書の最大の眼目ともいうべき課題は、(3) ハラスメント行動の伝播・拡散の抑止です。では、攻撃性が広範に伝染していく

プロセスをくいとめるには、具体的になにをすべきでしょう。

　おそらく、悪性の社会的ウイルス（暴力的ミーム）は、宿主の脳に寄生する能力（宿主にとっての「魅力」）をそなえているのです。たとえば「脳内麻薬」が、苦痛にたえ苦境をしのぎきるための鎮痛作用をもっているとか、努力や幸運に即したちいさな成功体験が「報酬系」という心理メカニズムを形成して、反復をうながしたり、わるくすると禁断症状をひきおこして暴走させてしまったりします。それと同様、そもそも人間の脳・神経系に、苦痛への耐性メカニズムがあり、さまざまな「努力できる」しくみがそなわっていて、各種薬物とか、トレーニング法とか、洗脳教育などは、これらのメカニズムにそって作動してきたのです。ミームとしての悪性の社会的ウイルスも、標的を発見し攻撃する過程を「快感」体験として認識するメカニズムを作動させる寄生情報であり、そこには依存性があるとおもわれます。

　標的を攻撃することが「正義」と感じられる。個人や組織を攻撃することが「教育」として正当化できる。そういった正当化された暴力性発揮が一定期間中断すると、飢餓感をおぼえて、再開したくてしかたがなくなる（禁断症状）。快感体験への依存がつよいので、さまざまな「不都合な真実」を直視しないような、防衛機制がいくらでもうかんでくるので、いつまでも修正がきかない。結果として、最悪「標的に致命的打撃をあたえてしまうことで、結局犯罪者として断罪される」とか、「標的だった弱者が我慢できず正当防衛にでて、攻撃者に致命的打撃がかえってくる」といった結末もうまれるでしょう。実際、過去には、刑事事件上「被害者」だったがわが、実は最低の虐待者だったことが判明するといった事実が多数あったわけです。いま、こうしている現在も、そういった悲劇は、世界中で

おきているとおもわれます。

　このようにみてくると、まずは、正当化された暴力性発揮を快感として経験し「報酬系」が形成されるプロセスを遮断しなければなりません。一旦「報酬系」が形成されてしまえば、依存性が発生し禁断症状から、加害者は反復をやめられない可能性がたかいからです。ハラッサーたちは「標的」と「密室」を発見しつづけますから、一時的中断があっても、あらたな被害が発生してしまいます。

　だからこそ、社会学をはじめとするモニタリング技法の体得・実践が不可欠とかんがえるのです。依存性のつよい暴力性を本質としたハラスメントを巨視的・微視的両面で冷静に客観視し、宿主として支配されないように自衛することこそ、インフルエンザなど感染症ウイルスに対するワクチンと同形の姿勢だということです。インフルエンザなどが、急速に突然変異をくりかえして抗体反応をかいくぐろうと回避行動をとる（もちろん、単なる擬人的な解釈にすぎませんが）のに対して、ワクチンの修正開発がおくれたり、体力・免疫力がたりなければ、感染・発症してしまう点など、リスクの本質もまさに同形です。

　さらにみおとしてならないのは、健康保菌者のように、感染しているのに発症しないケース（無症候性キャリア）がしばしば発生する点です（発症しないがゆえに自覚のない宿主として周囲に感染させてしまう）。たとえば、弱者に対してまったく攻撃的ではなく、もっぱら安全対策関連の任務についている警備関係者であるとか救急隊員のような職務は、任務中いっさい暴力をふるわないばかりでなく、勤務外でも平和的な存在とかんがえられます。

　しかし、危険人物を射殺する訓練をくりかえすとか、火災現場の障害物を破壊する任務を決行するとか、そういった行動がつねに無

害なのかといえば、微妙です。これらの訓練・遂行は、周囲の人物に攻撃的含意をかってに受容させるかもしれませんし、それら現実に即したドラマ・映画などフィクション作品が暴力を肯定させる装置として、攻撃的ミームを広範にばらまくかもしれないからです。

たとえば「危険な要素は破壊するなり排除するのは当然だ」という論理がないかぎり、射撃訓練とか障害物の破壊訓練などは準備されないし、実行もされないでしょう。しかし、「危険な要素は破壊するなり排除するのは当然だ」という論理が「敵」「障碍」というカテゴリーにあてはめられれば、殺傷・破壊などは容易に正当化されてしまいます。訓練や救助活動に悪意がないことはもちろん、実際に弱者に暴力をふるわなくても、破壊的行動だけがコピーされ、最終的に悪用されることは充分ありえるのです[4]。

たとえば非力な女性や障害者であれば、体力にまかせて、だれかをうちたおそうとか、障害となるものを破壊しようなどとは、おもいつきもしないでしょう。かれらには、実行にうつす基礎体力や技法などが非現実的で無意味だからです。しかし、かれらが、そういった暴力的行動をフィクションの世界で代償行為として生産・消費するなら、はなしは別です。女性作家が殺人事件をたくさんかくとか、重度の身体障害者がゲームの世界で殺戮・破壊をくりかえすこともありえるでしょう。

それら暴力的メッセージ(「わるいヤツら、気にくわない連中を、虫けらのようにころせたら、きもちいいだろう〔自分には到底できないことだけど〕」etc.)は、ミームとして充分伝播する危険性があります。こちらのばあいは、「無自覚な宿主」とはいえないでしょうが、実際に暴力を実行しないのに、暴力性を伝染させる点では、悪意のない勇士たちと並行した「キャリア」といえます。

フィクション上で大活躍する超人的な女性戦士イメージも同様です。そんな存在はほとんど実在せず、かりに現実の人物として殺傷・破壊などを実行する戦士などいなくても、「わるいヤツら、気にくわない連中を、虫けらのようにころせたら、きもちいいだろう」といった攻撃性は伝播させることができます。同時にこれらのイメージは、結果として、女性や老人、障害者などを「戦士としてつかいものにならない、あしでまとい」といった、無力＝負担のような、ミソジニーないし優生思想的な価値観を強化するでしょう。

　以上のような暴力性に対する正当化の論理が、「敵（標的）」に対してではなく「新兵」と位置づけられる弱者にむけられれば、「教育」のなのもとに「スパルタ式訓練」が正当化され、そのプロセスで暴力的言動の合理化がなされるのは当然でしょう。武道や団体球技などで、「こえだせ！」とか、「たるんでるぞ！」といった、喝がはいるのは、教育的な「叱咤（シッタ）」として正当化されるでしょうし、注意力の低下やあせりによる視野狭窄などで判断があまかったり、おそかったりすれば、「アタマつかえ！」といった人格否定の罵倒もとぶことでしょう。大学院などでも、アカデミックハラスメントによって人格否定されたことで、心理的に破綻したり、自殺においこまれた研究者が実際でてきました。企業や官庁などでも、「教育的指導」のもとでのハラスメントは全国ではびこっているはずです。

　これら、教育的空間におけるパワーハラスメントやアカデミックハラスメントは、もちろん「無症候性キャリア」などではなくて、ハラッサーの暴走行為であり、それをコピーするか「反面教師」として、暴力性を抑止するカガミとするのか、被教育者たち次第で、伝播の有無（継承／遮断）がきまるわけです。

　しかし、同時に、「あきらかに有害な議論を展開する過去のイデ

オローグや外国のテロ煽動者などは、きびしく人格攻撃してよい」といったメッセージとなれば、位置づけは微妙です。「弱者はだれも攻撃されない」「周囲の人物はだれもきずつかない」といった構図は維持されても、たとえばナチズムをリードしたヒトラーほか政治的指導者であるとか、ちみどろの粛清によって大量の被害者をだしたと断言してよい、スターリン・毛沢東ら独裁者たちを指弾するときに、一種「悪魔」化するモデルで断罪していいかです。

おそらく、「弱者はだれも攻撃されない、周囲の人物はだれもきずつかない、といった構図が維持さえされるなら、正論の鉄槌をふりおろしてよい」という、人格攻撃の正当化は、ミームとして伝播するでしょう。「ああ、やっぱり、倫理的な悪人の存在は、言論のかたちで人格否定していいのだ」といった暴力性の正当化を拡散することでしょう。つまり、このような「正論」の無限定な合理化は、「敵」を標的化して攻撃する暴力性を結局正当化してしまい、ハラッサーをふやすミームを大量拡散している可能性がたかいのです。

このように検討してくると、「正義のヒーロー／ヒロイン」が活躍するフィクションが危険であるだけでなく、裁判の判決であるとか、「科学」のなのもとでの「断罪」なども、無批判に放置していいものではないと、気づかされます。要するに「勧善懲悪」を一義的に判定できるケースはそれほどおおくはないし、すくなくとも原爆投下を正当化したアメリカ政府の「攻撃やむなし」論のような暴力の正当化、死刑制度の当然視などは、基本的にまちがっているだろうとの、慎重論にかたむくことになります。

「警告を無視する悪質な抵抗勢力は殲滅(センメツ)してよい」とか、「残酷な加害者は死をもってむくいるしかない」といった論理は、自分たちが絶対正義であるとの錯覚による正当化であることがわかるように、

「勧善懲悪」論がはまっている無謬論(ムビュー)には、絶対的な警戒が必要だとなります。なぜなら、弱者が自衛的に反撃するのではないケースでは、圧倒的な多数派が、にげばのない少数者をリンチすることなどをふくめ、大小さまざまなハラスメントを正当化してしまうからです。

これは「ネオナチなど現代の危険思想も「思想信条の自由」として尊重すべきだ」といった完全相対主義とは別個に維持すべき、倫理的基準です。「敵が極悪非道なのだから、死んで当然」といった、人格・生存権否定にたつことは、結局「全否定されて当然な絶対悪への正義の制裁（＝客観的には「戦勝国」がわによるリンチや国家権力による処刑）」を正当化してしまうからです。

ともあれ、いっさい暴力的ミームに感染しないですませる完全予防はムリでも、「無症候性キャリア」的に周囲に「社会的ウイルス」を拡散しないですむかたちは、充分とりえるとかんがえられます。HIV等、性感染症は、感染リスクを充分しって対策をたてるだけで劇的に予防できるようですから、同様に「社会的ウイルス」を拡散しない対策を具体的にうてるはずです。

「感染経路の遮断」になぞらえるなら、たとえば性感染症におけるコンドームと同形の、「社会的ウイルス」を透過しない「知的・倫理的ファイアウォール」がかんがえられるでしょう。かりにレイシズムやミソジニーなど有害な感覚の影響をうけてしまっていても、それを悪化させず、すくなくとも発症（他害etc.）にいたらない制御方法を実践し、同時に、周囲・後世への悪影響を封印するすべをえられるでしょう。

社会学やフェミニズムなどの知的蓄積は、暴力性・依存性の本質と機構、その悪化・伝播メカニズムなどに有効な知見をもたらして

くれます。社会心理学的素養による防衛機制など認知上の死角の自覚、統計学的素養による疫学的把握、論理学的素養による合理的推論や思考実験、法学的素養による制度面への批判的認識は、社会学・フェミニズム周辺の知的蓄積を介することで、各領域の知見を総合的に整理・体系化する相乗効果もうまれるはずです。

2-3.「ハラスメント依存症」とコピー回避からみた社会学周辺の知

　このようにかんがえてくると、法学者や官僚・判事等は、みずからのパターナリズムと法的整合性にとらわれていてはいけないことがわかるでしょう。ことは、エリート主導の「経世済民」でコントロール・改善が可能な次元にはないからです。統計学的・論理学的うらづけをもった社会心理学的知見・法現象的知見の社会疫学的みとおしを社会学やフェミニズムは蓄積してきたのであり、それを参考にしない政策決定や立法は、そもそもムリすじなのです。教育行政・医療福祉行政・出入国管理なども同様で、社会言語学や障害学ほか、社会学・人類学周辺の知的蓄積をぬきには、実態調査ほかデータ収集自体がゆがんでしまいます。

　一例だけあげるなら、たとえば「我が国における総人口の長期的推移」(総務省)といった推計は、社会学的知見が欠落した試算であり、根底からあやしいものです。もちろん、これら推計が基盤としている試算は、国立社会保障・人口問題研究所という社会学的知見もふまえた組織によるものですから、たとえば「外国人」などについても考慮はされています。しかし、2050年ごろに9515万人で「約3,300万人（約25.5%）減少」といった試算は、今後も、外

国人定住者の増加にイヤイヤをつづけようとする法務省などの意向（難民申請者を虐待し認定しないなどの姿勢をはじない体質 etc.）が維持されつづけるという前提にそっているとしかおもえません。

　もちろん、30年後は、一層国際経済における相対的地位がさがるなど、移民労働力の動態における劣勢がつよまり、すっかり「極東の魅力のない列島」と化していて、高齢者むけの介護労働力を充分よびよせられない、といった惨状がすすんでいるかもしれません[5]。しかし、そんなさきのことなどは、当然試算しきれないのです。

　「まわりには、日本そだちの日本人しかくらしていない（すくなくとも近隣に定住していないので、接触がない）」といった感覚。自分の視野にはいってくる「常識」が今後もずっとつづくと錯覚している人口。それがまだまだおおいからこそ、列島外からの人口流入や流出といった要因が過小評価されるのでしょう。「流動しつづける近現代（liquid modernity）」という世界的動向が直視できず、知的なガラパゴス化がいまだにおわらないわけです。国立社会保障・人口問題研究所といった、社会学的知見も当然ふまえた組織でさえも、視野のせまい保守的試算にとどまってしまうという、おどろくべき事態があるといえます。

　ともあれ、そのときはそのときとわりきり、状況に適応していくしか、すべがありません。そもそも、「約3,300万人（約25.5％）減少」といった、保守的な悲観主義にもとづく「斜陽国」イメージを試算したところで詮ない現実をむかえていることだけはわかるでしょう[6]。それは、「フェミニズムやリベラリズムの悪影響で女性を中心に高学歴化して晩婚化・非婚化したから少子高齢化になった」といった反動的総括のまちがいも意味しています。「フェミニズムやリベラリズムのせいで日本がおかしくなった」のではなくて、世

界がめまぐるしくかわってきているのに、あいかわらずガラパゴス的世界観にまどろんでいたがゆえに、世界的動向についていけていない「島国根性」という実態があり、それにもとづいて、少子高齢化対策などが、まとはずれに展開しているという意味です。

　もし、フェミニズムやリベラリズムに即して社会学等の知見をやくだてて政策立案するなら、わかものが育児したくなるような雇用・労働条件の創出がいそがれるでしょうし、将来不安におののくことで内需が不必要に縮小したままであるといった経済構造も是正されるでしょう。そうなれば、「日本でくらしたい」と感じる世界人口が、近年の人口減現象をおぎなってくれるはずなのです。急激にすすみつつある少子化傾向の一部は、社会学やフェミニズムなどの知的蓄積に徹底的にイヤイヤをくりかえし、現実逃避をくりかえした結果であることを、政官財のエリートはそろそろ気づくべきです。

　さらには、現実直視をさけつづけている50代以上の管理職たちにまかせておいたのでは後世に負の遺産しかのこせないという現実に40代以下の世代は気づき、はやく世代交代をせまるべきです。たとえば「英語やプログラミングさえまなべば、世界標準のサバイバル能力がみにつく」といった錯覚しかあたえてこなかった公教育関係者やマスメディアの視野のせまさを是正し、欧米主導ではない（もちろん中ロなど大国の覇権空間でもない）国際社会をどう構築すべきか、それら既存の体制とは異質な動態をいきている世界中の市民たちの動向をどう理解し、自分たちが適応していくのかを、把握・模索すべき時代がきているのです。

　くりかえしになりますが、国際社会の動向のなかでいきぬく素養は「英語とプログラミング」ではありません。それらの技能にくわ

しいひとのたすけをかりる能力、有効利用するための素養として、統計学や論理学、経済学や法学的知識を統合する、社会学や哲学などこそ、サバイバル能力だとおもいます。

　さらにいえば、ハラスメント根絶のカギは、小中高校での「道徳」の教科化＝成績評価の導入や、教職免許における「憲法必修」ではありません。「道徳」関連の読本をよんで討論すること自体はわるくありませんし、憲法の規定をしらないままで教壇にたつことは反則ではありますが、既存の学校における道徳教育や憲法教育をいくらつづけても、ハラスメント改善には直結しないとおもわれます。なぜなら、「道徳」は、優等生的な倫理意識・美意識の提示にすぎないので、偽善性を助長するリスクをかかえていますし、憲法の理念遵守も、人権保障という基本方針をタテマエとしてとなえるだけです。民間企業やスポーツ団体で、露骨な人権侵害がくりかえされてきたことをかんがえただけでも、既存の道徳教育が機能不全をきたしていたこと、憲法の理念が空洞化し人権規定が空文化していたことは明白です。道徳の教科化や、憲法の履修状況の実質化を文科省などがどんなにとなえ通達等で徹底しようが、状況を改善させられるとは到底おもえません。

　ことは単純なカラクリで、ハラスメントをなぜしてはいけないのかを道徳教育も憲法教育もなっとくさせられないからです。露見しない密室状況さえ維持できれば、平然と人権侵害をくりかえせるし、それが組織防衛上合理的であるとか、保身上つごうがいいという、ミクロな局面での合理性、つまり私利が明白であるとき、ひとは困難な人権保障などの努力などするはずがありません。

　ナチスの強制収容所の職員・所長たちが、「上位組織・上官から命じられたことを実行しただけ（抵抗など不可能だった）」と、当

時の自分の責任のなさを一所懸命主張したこと、実際かれらはそう信じきっていて、別に処刑のがれなどのためのウソをついていたわけではなかった事実などをふりかえるだけでも、以上の推測は事実上証明されたも同然でしょう。

ひとは、自分かわいさに卑劣なウソをひねりだすのではなく、自身のおかす権力犯罪を合理化、正当化することで職務への罪悪感から解放されるし、実際無自覚な自己欺瞞として、「悪意なく」権力犯罪を平然と実行しつづけられるものです（社会心理学の実験が立証してきました）。

職務上の「必要性」などなくても、アカデミックハラスメントで快感をおぼえてしまった教員や上司は、「教育的指導」のもとに暴力をくりかえすこともしでかすでしょうし、依存症的に、長期間ないし標的をかえながら反復をくりかえしてきたとおもわれます。そうでなければ、これほどパワハラが告発されるはずがありません。告発されたパワハラは、実際にくりかえされた密室でのハラスメントのごく一部にすぎないと推測され、水面下にかくされて露見しなかった事例は無数にあると推定されるからです[7]。

ちなみに、DVやセクハラ、児童虐待などが統計上の件数として漸増ないし激増してみえる近年の動向は、暴力実態の漸増・激増の反映ではないと推定されます。おそらく、人権意識の水準向上のもと、実数は漸減しているとおもわれます。しかし、人権意識の水準向上と公私のメディアの発信頻度の急増によって、認知件数が漸増ないし激増してしまっているのです。つまり、長期的には事態は改善されつつあるけれども、過去に「なきねいり」や隠蔽等で封印されていた「暗数」が露出していることの反映として認知件数が漸増ないし激増しているのです。

これらの動向をさらに改善して、暴力を本当にへらしたいときに、タテマエを偽善的にうたうにとどまりがちな優等生的テキストや法令の学習は無意味だというのです（悪事を虚無的に合理化するテキストや法令などありえませんから）。暴力をできるかぎりへらすためには、ハラスメントの発生しづらい環境をつくり暴力をゆるさないこと、ハラスメントが加害者のたましい自体にとって有害であるとの自覚を周知し、充分なっとくされるプロセスの浸透があってはじめて、ハラスメントは確実にへっていくはずです。それなのに、暴力的ミームの感染源・感染経路などの根絶・遮断の努力をせずに、お題目だけとなえても、実効性があがるはずがないのです。

　エリートによるパターナリズムと法的整合性にとらわれた「経世済民」意識ではコントロール・改善が可能な次元にはないとは、そういった意味であり、社会学周辺の知の周知こそ実態改善のカギであるというのは、感染源根絶と感染経路遮断の具体的方策をもたらしてくれる知的蓄積領域だからです。

　以上の点については、つづく3章および4章3節が密接にかかわる箇所となります。

注
1 「ハラスメントは連鎖する」と題する新書で展開されるモデルは、モラルハラスメントの被害者が加害者へと変貌をとげる再生産過程の解明である（安冨・本條 2007）。
2 たとえば、近年はこどもに対する広義の虐待をやめられない保護者たちを「毒親」とよんで実態を告発する文書が大量に発表されるようになった。おそらく、虐待が以前より深刻化したから急増したのではなく、性暴力・セクハラ・少年犯罪などと同様、個々人・社会が敏感になって告発・認知の件数がふえ、警察ほか行政当局がとらえそこなっていた暗数が急減しつつあることの反映であろう。

量的な増減はともかくとして、事態が質・量ともに深刻な現実でありつづけていること、さらにいえば、「教育的指導」「懲戒」「しつけ」のなのもとに暴力行使といった正当化・防衛機制問題ではなく、ネグレクトなど単なる暴力の被害も実に深刻だという点だ。

たとえば、まんが作品の菊池真理子『毒親サバイバル』は、雨宮処凛がつぎのように紹介するとおり、実態からほどとおい成育歴の市民にとっては充分過酷な体験談にほかならない（菊池 2018）。

　………彼女は昨年、自身の経験を描いた『酔うと化け物になる父がつらい』を出版した、いわゆる「毒親育ち」の人である。「家族崩壊ノンフィクション」と名付けられた同作では彼女の子ども時代が描かれるのだが、それが凄まじい。

　父親はアルコール依存症。母親は新興宗教信者。そして妹の4人家族。シラフでは無口で大人しい父だが、酒を飲むと豹変。シラフの父と交わされた約束はいつも破られ、休日には一家団欒などなく、父の友人が自宅に集まって酒を飲みながら麻雀して大騒ぎする。そんな宴会で召使いのようにこき使われる母親は、家から逃げるように夜になると宗教の会合に出ていく。父の酩酊のレベルは度を超え、飲酒運転で車を燃やしたりするほど。そんな日々の中、母親は菊池さんが中学2年生の時に自ら命を絶ってしまう。それでも、酒をやめない父。

　『酔うと化け物になる〜』では、その後の父と菊池さんとの関わりが描かれているのだが、『毒親サバイバル』は、そんな菊池さんが10人の「元子ども」にインタビューし、自身も登場する一冊だ。

　小さな頃から母親に医者になることを押し付けられ、支配され続けてきた医療記者。祖父からの暴力を受け続けてきた朗読詩人。祖母に手の込んだ虐待を受けてきた編集者。「誰のおかげで生活できてるんだ」「そんなに食うのか」など、24時間ネチネチと口うるさい父親に自己肯定感を潰され続けてきたライター。子どもの給食費も学費もバイト代も給料も巻き上げていくパチンコ依存症の母に振り回され続け、自己破産までした会社員。「家＝戦場」というような365日争い

の絶えない家で育ったマンガ家。「男に幸せにしてもらう」という物語の中で生きる、アルコール依存の母親のもとで育った文筆家。中学生で家事だけでなく民宿のきりもりまで任され、その後、借金男、ギャンブル男、DV男などダメ男にばかり尽くしてきたタロット占い師。小さな頃から自らを支配し続けてきた母への「嫌がらせ」として AV 男優となった男性。浮気、不倫を繰り返し子どもを殴る父と、身勝手すぎる母に苦しめられてきたものの、自身に子どもが生まれ「娘に命をもらいました」と語る主婦。

いわゆる「毒親」をめぐっては、この数年、「母と娘」の対立を扱った書籍が多く出版されてきた。が、本書で注目すべきは、登場する半数が男性であることだ。

思えば多くの男性は、長らく親との葛藤などについて語ることさえできなかったのかもしれない。しかし、「男」だからこそ、時に親から背負わされるものは重くなる。金銭的に頼られることもあれば、将来的に親の面倒を見る役割を期待されることもある。そして本書に登場する男性たちに背負わされる「親からの要求」は、度を超えている。（「『毒親サバイバル』から考える「家族の絆」至上主義の罪。の巻」『雨宮処凛がゆく！』第457回，2018年9月5日）

それに対して、当事者らしい読者のひとりは、当事者の体験談を事実上全否定する（アマゾン「カスタマーレビュー」から）。

「毒親とは？と知りたい人は読んでもいい。

本当に 毒親育ちの者にとっては、よくあるいつもの「実例」の羅列マンガ。

現実は こんなもんじゃないし、毒親の被害に遭ってしまった者にはしらける内容。

身体に 染み付いた、刻まれてしまった 痛み、やり場のない自己否定による 喪失感。

死ぬまで消えないよ。」

この反応は、「父が毒親でした。父が亡くなって5年たっても家族は再生できず、弟は自死し、母は後を追うように病死しました。家族から独立して生活していた私は生き残りましたが、言い様のない哀しみと怒りと喪失感を抱えてきました。」「が、毒親によって苦しんでいる方々の人生はおどろくほどに多様で、でも皆さんサバイブしながら生きていることに連帯の気持ちを抱きました。」と好意的に反応した一読者（同上）とは対極的だが、双方とも実態が非常に深刻なことをうらがきする。

3 この観点からすれば、自衛のための正当防衛による殺傷等以外で、殺傷を合理化する公務はつくるべきでないとかんがえる（戦争・死刑制度 etc.）。警察官・軍人・刑務官などが、「正義のための殺害」といった「大義」で暴力行使をしいられる現実を、暴力装置としての国家の必要悪といった合理

化をすべきではない。たとえば凶悪犯罪者は逮捕せずに射殺して当然であるとか、国際公法によって戦闘行為のなかでの殺害等は免責されるといった、既存の「合法化」は、全面的に再検討すべきだろう。

4 ゴジラシリーズをはじめとした大怪獣・巨大ロボットものを、男児等がコピーして、レゴブロック等の「ミニチュア都市」を破壊したいという欲望をもつことは、よくしられている。「ごっこあそび」は実行したくなるのが普通だし、職務として正当化されれば、たとえば「自衛的殺害」「処刑」などとして合理化される。「形式」が単なるフィクションであるとか、妄想のたぐいというのは、平常時はもちろん実行されないが、非常時等異常な事態となれば、事情は一変する。

5 労働力不足対策でリクルートされた外国人へのインタビュー記事などで、くりかえしきかれるホンネは、旅行者としては来日したいけど、はたらきつづけたくはない空間、というイメージである。

中韓台や香港・シンガポールなど、アジア各地の勃興によって、すっかり地盤沈下した「経済大国ニッポン」の自信を復活させようとしてか、あるいは自信喪失した国民の屈折した劣等感につけいることで視聴率・ページビューなどをかせぎたいのか、「実はすごいニッポン」といった記事・番組が急増した感がつよい昨今。観光客や外国人研修生が総じて「すごいニッポン」に感動し、おそれいっているかのようなイメージが強調されるようになった。「匠の技」だの「おもてなしの精神」など、世界が追随できない、こまやかさ／誠実さ／徹底ぶりなどがあるのだといった、独善的といえる自画自賛の風潮である。

しかし、割高感がねづよくて、完全にのびなやんでいる欧州からの観光客であるとか、プライドばかりたかくで実はあまり評価がたかくない接客水準であるとか、そもそも「観光立国」という政府等のイメージは空疎なものがある。まして、日本ではたらく、というインセンティブについては、「日本的なガラパゴス文化に適応できれば、安全安心が享受できる」といった程度のもので、「資金があって、おもてなしを享受できる観光客や英会話講師やモデルなどとして活躍できるのはいいけれども、労働者・生活者として長期常住するには、いごこちがわるいニッポン」というのが、平均値ないし最頻値的な現代日本の実態なのだ。

したがって、「中韓などからの観光客が日本の実態にふれて、反日感情を一掃した」といったケースは多々あるにしても、「一緒にはたらき、隣人としてくらしたくはない日本人」(現代版の精神的鎖国が「浸透膜」のように機能しているガラパゴス空間)という、ありがたくない一般評が支配的であることは、冷静に認識しておいた方がよさそうだ。このような、ネット右翼らとは対照的な無自覚な排外主義＝島国根性が支配的である現状がかわらないかぎり、観光客ののびがいずれ鈍化することはもちろん、「ともかく日本ではたらいて送金したい」「日本に定住したい」といった外国人がふ

えつづける可能性は非常にひくいということだ。皮肉なことだが、政府が喧伝する、大量の観光客と優秀な高度人材の動員という、つごうのいいイメージとは対照的に、合成の誤謬ゆえに内需が縮小し、対外的にも魅力＝競争力のある商品が創出できなくなることで国際競争力や活力がうしなわれていくニッポンは、「極東の魅力のない列島」として人気がなく人口が漸減していくばかり（少子化と国外流出を列島外からうめあわせられない）の「国際的過疎地」と化していく可能性がたかい。女性や外国人にやさしくない文化であるなど、「世界標準」が本格的に流入したら、到底もちこたえられないようなガラパゴス空間なのだから、当然といえば当然だ。このようにかんがえてくると、実は、「約3,300万人（約25.5％）減少」といった保守的な悲観主義は、意外に独善的でない、冷静な自画像なのかもしれない。

6　そもそも、官邸をはじめとした新自由主義的風潮は、労働力不足を外国人でてあてしようと、ずっとつづいてきた。1990年代にはじまる日系ブラジル人など南米出身者を非熟練労働の現場に大量参入させるべく入管法を「改正」したことなどだ。しかも最近は、「一定の専門性、技能を持った即戦力となる外国人人材」などといいわけをしつつ、一層の外国人導入をすすめようとしている。たとえば、つぎのような記事をみれば、専門性とか即戦力などと合理化しているものの、単なる労働力不足の補充要員にすぎないことがわかる。

新在留資格の対象に「十数業種」検討　菅官房長官

『朝日』2018年9月26日

　菅義偉官房長官は26日の記者会見で、外国人労働者の受け入れ拡大に向けて政府が来年4月からの創設をめざす新たな在留資格について、介護や建設、外食、水産業など「十数業種」を検討していると明かした。

　新たな在留資格は、省庁が定めた試験で一定の知識や技術などを確認できた外国人を対象に、最長5年の在留を認める内容。菅氏は会見で「一定の専門性、技能を持った即戦力となる外国人人材を幅広く受け入れる仕組みをつくっていきたい」とした上で、「法務省からは十数業種の新たな在留資格による受け入れ意向が示されている」と説明。業種は「外食とか水産業とかもろもろだ」と述べた。

　また、菅氏は同日の東京都内での講演で「様々な業種からヒアリングをし、十数業種が『外国人材がなければ事業に大きな支障をきたす』という話が出ている」と語った。

7　「暗数（あんすう、英：Dark Number）とは、実際の数値と統計結果との誤差で、なんらかの原因により統計に現れなかった数字の事。主に犯罪統計において、警察などの公的機関が認知している犯罪の件数と実際に起きている件数との差を指す。」（ウィキペディアから）

ちなみにウィキペディア「暗数」には、「犯罪を警察に報告されない理由」として、以下のように列挙がある。ハラスメントに関するかぎり、ほぼ網羅的だとかんがえられる。
・一個人が些細なものだとして考えている。
・被害者が捜索されることが厄介で恥ずかしいもの（例:性犯罪）だと感じ、報告しない。
・自分が被害者であると認識していない場合。(例えば、詐欺にかかっている。スーパーで商品が盗まれているのに、それに気づいていない。)
・警察に対する不信感がある場合。
・報告することでの報復や被害の虞がある場合。
・被害者が加害者（例えば、家庭内暴力や虐待）を害することをしたくない場合。
・子どもが問題だと理解していない場合。（例：動物虐待）

3章
加害者性＝「中年化」という病理をさけるために

本章のねらい

社会的ウイルスの発症＝ハラスメントの具体的病理は、オヤジ化とオバサン化（あわせて「中年化」）というかたちを軸として発生し、猛威をふるうのが普通である。これら病原体の中核は基本的に男尊系ウイルスなので、中年になること自体は必要条件ではないが、社会的地位があがり羞恥心がうすれる中高年で発症・悪化する傾向は明白である。

健全な羞恥心を維持し、攻撃性を悪化させないために必要なモニタリング＝発症予防薬として、なにを処方すべきかかんがえていく。

3-0.「中年化」とは：理念型としての「オヤジ化／オバサン化」

　以下、「定義」のように、さまざまな「性格」を列挙していきますが、特定の集団や行為の境界線を確定して分類しようといった意図はまったくありません。社会学は、計量的な調査をおこなう際や、厳密な論理構成をもって理論化する際に、明確な命題となるよう、きちんとした定義をするのですが、以下の議論は、そういった厳密性とは対照的な性格をもっています。基本的には、1世紀ほどまえになくなった社会学の古典期の代表者のひとり、マックス・ウェーバー（WEBER, Max）の「理念型」という本質モデル[1]にそって思考実験をしていく作業です。

　では、ここでいう「中年化」とは、どういった本質か、まずのべておきます。

　　　「中年化＝センスのオヤジ化／オバサン化による独善性の暴走」
　　　「センス＝知性×感性×品性」

　センスは、目前でおきている現実、ないし過去・未来の記憶・イメージに対する感覚をしめしますが、それを「知性」「感性」「品性」の3次元にわたる感覚の「積」とします。
　「中年化」とは、知性・感性・品性総体がオヤジ化／オバサン化することで自己中心性にもとづく自己正当化が暴走したり、モニタリングの機能不全によって攻撃性が露呈することをさします。前章まで展開してきた、攻撃的ウイルスの伝播過程やハラスメント依存

症問題を、視座をかえてみるために、ジェンダーと加齢の相乗効果がわるい方向で進行する構造の人格形成モデルとして展開していきます。いいかえれば攻撃的な「社会的ウイルス」の宿主となってしまうと、どういった人格変容を経験することになるのかを解析していくのです。

逆にいえば、攻撃性の抑止とは男女のオヤジ化／オバサン化を最小限にくいとめることを意味します。社会学周辺の知的蓄積をワクチンとして投与できなかったり、投与しても役だたなかったりしたばあいに、どう事態が展開するかの試算としてよみすすめてください。

当然、「中年化」においては、「老人力」「鈍感力」といった、いい意味での合理化はすすまないことになります。また、60代後半以上の男性たち(権力者)が暴走することを一般に「老害」とよびますが、これは加齢によって制御がきかなかったのではなく、「中年化」の「終着点」と解釈すべきだろうとかんがえています。

3-1.「オヤジ化」とは:「男尊系ウイルス」による病理の進行

- ■知性・感性・品性において、無知・無関心・無神経が進行している自身の現実に対する無感覚・無自覚な状況。
- ■本質としてモニタリング能力の消失に起因する現実に対する想像力・配慮の欠落。
  - →独善的感覚にもとづく現実の矮小化→他者への冷笑・侮蔑・ミソジニー・サディズムなどの攻撃性、弱者に対する自業自得論など冷淡さや無関心。

「オヤジ化」とは、端的に、すでに解析した「男尊系ウイルス」が発症し悪化していくさまです。10代、思春期前後から発症するケースがおおいとおもいますが、感染自体は幼少期にあるとおもわれます。女性をおもに標的としたミソジニーやセクハラは幼児期にはじまるケースもあり（ギャグ化してコメディとしたのが『クレヨンしんちゃん』etc.）、男子校などでの女性教員へのセクハラなど10代で深刻化することがめだつのですが、本格的に悪質化するのは、やはり30代後半以降の中年期かとおもいます。おそらく、ミソジニーの露悪的表出は、社会的地位の向上と逆比例した心身の劣化が嫉妬心をつよめると同時に羞恥心をへらし、相対的に劣位な存在への暴力性を正当化しがちになる結果とおもわれます[2]。

　過去の具体例、そして昨今の社会問題のほとんどには、この「男尊系ウイルス」がからみついてきましたから、青少年および女性をなんとかして「オヤジ化」しないようにくいとめるための疫学的予防こそ、教育の最重要課題といってもさしつかえありません。

　たとえば「平和維持のための必要悪」といいながら戦闘行為をくりかえし、武器や軍用の消費財をうってもうけ、少年兵や慰安婦を搾取してきた「オヤジ」たちが無数に実在したことは、否定しようがないでしょう。こういった定番の男性批判を、「お花畑系の絶対平和主義」と冷笑する姿勢自体が「オヤジ化」なのですが、ここでは、1本の抗体をうちだして、その標的となってもらいましょう。

　「平和維持のための必要悪」という論理によって、軍事組織や国防予算、軍事同盟等が肥大化することはあっても縮小したことがないことは、いうまでもないでしょう。冷戦下であれば、米ソは「敵国」を必要としていたし、軍産複合体は肥大化するばかりだったし、冷戦終結後も連合国（「国際連合」）の安保理常任理事国＝5大国は

それぞれ敵国を必要としていて、軍縮を本気でする気配はありません。アフガン戦争・イラク戦争で、具体的脅威でもなんでもない小国をアメリカが破砕し、単に現地に混乱をあたえただけであることは、歴史が証明ずみです。ロシア・中国など超大国はもちろん、イギリス・フランスなども国内はもちろん世界各地で防諜活動を展開している公安・軍事大国です。そして、かれらの主観・主張では全部「自衛」「安全保障」のためなのです。

　そして、一流大学の理系の学生たちにとって有数の就職先はむかしから軍需産業でした。民需よりも規模はちいさいとはいえ、旧社会主義体制の国策企業と同様、準公務員的な研究職が「死の商人」をささえる、無自覚な「マッドサイエンティスト」というべきでしょう。本質をみぬいているのは、無数の第三国や少数者たちです。経済先進地域ではさすがに少年兵用の誘拐はないものの、失業層・移民層を集中的にリクルートして前線におくりこんでいるのは周知の事実です。じまえの「慰安所」などは設営しないものの、駐屯地周辺にセックスワーカーの女性たちを動員し歓楽街が形成されるのも普遍的現実でした。そして、人権大国をうたっているはずのアメリカが拷問等、残酷なとりしらべや監禁をやめられないでいるのも現代の現実なのです。

　「平時」の現代日本に視線をうつしても、企業・官庁・スポーツ界のスキャンダルのほとんどが「オヤジ」のしわざであること（ないしエリート中年女性などの「オヤジ化」→「女帝」etc.）も、イヤというほど報道されていて、こちらの感覚マヒがおきているほどです。よほどのことがないかぎり、あきれはするものの、ショックなどうけなくなっています。

　ちなみに、「オヤジ化といわれる本質が世界各地で暴走している」

という指摘に対して、かりにデマのたぐいだというなら、その立証責任はデマよばわりするがわにあります。

議会などでの女性議員に対するヤジ、特にセクハラ系は、「オヤジ化」が露呈した典型的スキャンダルですし、「#MeToo」運動などへの保守的言論人やネット右翼らによる揶揄、ヘイトコメントなども、この典型例です。中高年男性たち御用達の「サラリーマン週刊誌」「スポーツ紙」や「芸能誌」などのヌードグラビアやセックス関連記事などは、女性などにとっては環境セクハラですが、そもそもそういったネタ全体が、女性を性的対象としか評価しない蔑視をともなったミソジニーといえます。

酒井順子さんが『負け犬の遠吠え』のなかで男性を類型化した「コラム　オスの負け犬」で提起したタイプ「ジョヒ夫」（無自覚な男尊女卑タイプ）も、ミソジニーのかたまりであり「オヤジ化」の典型例でしょう。経済力や社会的地位がそれなりにある異性愛者であり、かつ結婚の意思をもちながら30代なかば以降になっても未婚でいる男性の敗因は「身の程知らず」であり、かれらの本質は「若い美人をかしずかせたい」という心理だと酒井さんはいいます（酒井2006：182-3）。女性の魅力を、わかさをベースとした外見的なうつくしさに還元し、それによって婚期を逸しているとしたら、酒井さんの解析どおり男尊女卑でとおすという「身の程知らず」として自業自得でしょう。

ちなみに、都知事選の応援演説にでてきた、もと都知事が対立候補を「大年増の厚化粧」と揶揄した事件がありましたが、このてのセクハラ事件の主犯・共犯は、まず中高年男性といってよさそうです。一部「ハゲ」などと部下を罵倒した女性議員もいましたが、これは「オヤジ化」の女性版でしょう。実際に、権力をにぎった男性

から標的への人格攻撃のひとつが「ハゲ」だったり「ホモ」といった罵倒・差別であり、それは典型的なセクハラだからです。同性間、女性からのセクハラも当然想定しておかないと、社会の理解ができません。

3-1-1. 男性むけ「グラビア」自体が、女性にとって環境セクハラとなりえるのはなぜか

女性、特にわかい女性タレント・モデルなどが、水着等をきせられて被写体となっている（ファッション等の広告媒体としてでない）画像商品は、サディスティックなポルノなどではないかぎり、「うつしく」撮影・編集されているはずで、基本的には現実以上に美化されている存在のはずです。にもかかわらず、たとえば男性むけ週刊誌やスポーツ紙などのグラビアが女性にとって不愉快なのは、なぜでしょう。たとえば、スポーツ紙の宅配版にはヌードグラビアが排除されている（家族に、そういった紙面を享受しているとしられたくないといった配慮）とか、電車内などで、グラビア紙面をみること自体が、環境セクハラだといった指摘がなされ、実際、読者がそれをさけている現実は、どこからもたらされるのでしょう。

一見、女性の身体的魅力を強調しているだけのようにみられるグラビアですが、実は、被写体女性を性的魅力としてしか評価しない、つまり典型的な性差別にもとづいたものであり、結果として女性全体を性的対象へと矮小化する点で、男性たちの無自覚なミソジニーの産物なのです。サラリーマンを対象とした週刊誌・スポーツ紙にかぎらず、わかい男性むけの週刊誌・雑誌に、わかい女性を被写体としたグラビアが頻出することや、しばしば表紙をかざったりすることは、隠喩的ではありますが、「セクハラ的視線を甘受するわか

い女性」というメッセージを提供するものであり、「商品としての性的魅力を称揚する自分たち男性はファンにすぎない」という消費行動の正当化をはからせるものです。性的刺激を露骨に誘発するようには設定されていないアイドルタレントの画像であっても、女性たちの一部が不愉快に感じたりするのは、そのせいです。

その証拠に、被写体女性たちが、皮膚を極力さらさないのは、ボンデージなど「コスプレ」やタイツ・ストッキング着用といった特殊な設定だけです。結局、(ヌードや下着シーンはともかく)半裸・水着などを軸に、ミニスカート・ノースリーブなど皮膚を大量に露出する構図がおおくをしめることになるのです。

ベッド上でシーツにくるまっていたり、上半身や視線を享受者の方向にむけているシーンはもちろん、床・ベッド・砂浜など、基本的にひくい位置に被写体がよこたわったり、四肢で体重をささえているポーズが、性行為前後のイメージを隠喩ないし直喩しているものであること、それをみおろすアングルが性的対象に対する欲望にみちた男性の視線をなぞっている構図は明白でしょう。被写体による性的誘惑を想像させる視線であるとか、女性の性的快感を露骨にイメージさせる設定さえあります。

こういった設定で、女性を性的対象へと矮小化しているわけではないといいはるのは不可能です。映画などでの皮膚の露出の程度が話題になること自体が、女性芸能人が性的商品として位置づけられる性格から自由でないことがはっきりしていますし、女性アイドルタレントが水着グラビアの被写体になることをイヤがるのは当然でしょう。

対照的に、女性むけの雑誌をかざる男性タレントには、以上のような露骨な設定がない[3]ことをみても、編集姿勢として、女性たち

に対して「その男性タレントと性的関係にある自分」といった妄想を直接的に喚起する画像を意識的にさけていることがわかるでしょう。この男女双方の商品の非対称性は歴然としているというより、男性むけ画像商品がいかに露骨であり、あからさまなミソジニー現象であることには、おどろかされます。

3-1-2.「オヤジ化」の主要被害者がわかい女性だけではない理由

端的にいって、ちかよられるだけで生理的嫌悪をおぼえてしまうというのは、差別意識をともなった潔癖症の問題（障害者・慢性病者などもふくめた、蔑視）とつながった問題をはらむので、実は微妙な問題です。しかし、性的弱者としての女性（特に若年層）が中心にセクハラの標的になってきたことも事実なので、ついこわがってしまうミサンドリーの大半は、いたしかたないとおもいます。しかし、問題は、「オヤジ化」の標的は、性的弱者にはとどまらないという点です。

たとえば、NHKの連続テレビ小説で以前大人気だった『あまちゃん』という作品のなかで、登場人物のひとりが、「「悪いようにしないから」って、悪い奴のセリフだよね。」とのべるシーン[4]が有名になりました。辞典的定義・記述では、つぎのようになっています。

> **わるいようにはしない【悪いようにはしない】**
> 不利益になるようなことはしない。損はさせない。相手の負担に見合う見返りを与えることをほのめかす気持ちを込めて言う。「ここは君の責任ということにしてくれ。決して─
> 〔『大辞林』第三版〕」

しかし、さまざまなウェブサイトなどでも確認されているように、「わるいようにしない」とは、きかされている人物が損しないように配慮するという、くち約束はされるのですが、それがはたされる保証などありません。ドラマ『あまちゃん』の登場人物は、辞書的記述とはことなり、独特の含意があることを示唆・確認しているわけです。「わるいようにしない」とくちにする人物は大概悪人で、くち約束がまもられることはマレだ（注意すべきだし、基本的に信じてはいけない）という経験則です。

　さらにいうなら、こういった甘言を弄する人物の言外のメッセージは、「わるいようにしない、という、こちらからの好意を無下にするなら、後悔する運命にあることも、わかっているな」という恫喝(ドーカツ)なわけです。つまり、「ここは君の責任ということにしてくれ。決してわるいようにしない」という一見、懇願・提案のたぐいにみえるセリフは、「決してわるいようにしない、とオレが約束をもちかけているのだから、好意をうけとらないのなら、かんがえがある（報復人事など覚悟しろ）」というおどしであり、それこそ「忖度(ソンタク)」を強要しているのです。

　つまり、こういった甘言が弄される時空とは基本的に密室であり、秘密裡に、から約束として口頭でのやりとりがかわされます。男性上司が部下をまるめこもうとしているか、芸能プロダクションの社長が20歳前後の経験や世間知がたりない、かけだしタレントなどを、いいふくめるときの、だましのテクニックということです。弱者がだまされたり、けおされたりして、ムリを受諾した途端てのひらをかえして、今度は恐怖で支配するとか、ひきかえせない段階まですすんだあと事実が判明するといった経過をたどるでしょう（AV撮影現場etc.）。「オヤジ化」した悪人の常套句の典型例です。

ほかにも、このような常套句はたくさんあります。

「そんなことはきいていない／いっていない」（＝証拠なんてだせないだろ！）
「いまは（非常時だから）とても対応できないな」（＝無理な要求だすなよ）
「一応かんがえておこう」（＝まあ、基本実現不可能だけどね）

……といった、ウラオモテがセットになった「私物化」「恣意性」の露呈とまとめることができそうです。これらはみな、上司や組織のつごう第一で、組織内の弱者たちの要求をつぶしたり、批判をかわすための、あしき方便にすぎません。「オヤジ化」した上司や責任者たちの被害者は無数に潜在しているとおもわれます。

また、安冨歩さんが提起した「東大話法」[5]のように、議論の空間や会見の場などで、卑劣な印象操作をくりかえしてきた男性エリートの論法もみのがせません（安冨2012：24-5）。安冨さんはこの種の論法の本質を評して「自分の論理の欠点は巧みにごまかし……明らかに間違った主張や学説をあたかも正しいものであるかのようにして、その主張を通す論争の技法」と「それを支える思考方法」であり、「相手を言いくるめ、自分に従わせるための、言葉を使った暴力」としているようです（ウィキペディア「東大話法」）。

端的にいえば、「黒を白と言いくるめる」こと（＝詭弁による言語的暴力）で自派の正当性を捏造し、あいてに打撃をあたえ沈黙させることで、歴史的事実など現実を隠蔽し既得権を維持するなどの策動のために「洗練化」されてきた詐欺といえます。もちろん、安冨さんがことわっているように、東大卒男性や東大教員専用の「話

法」「論理」ではありませんが、政官財などをリードしてきた東大卒周辺の男性が駆使してきた姿勢であるという理念型は、「オヤジ化」の一種として非常に有効な類型化となります。

　このようにかんがえてくると、「オヤジ化」した人物とは中高年男性とはかぎらないことがわかるし、被害者が年少女性とはかぎらないこともわかるでしょう。地域住民の中高年男性あいてに偽善的な誠実ぶりっこをくりかえすこともあるでしょうし、部下の男性を支配し自由に走狗(ソーク)として悪用するばあいもあるだろうからです。「「悪いようにしないから」って、悪い奴のセリフ」をはじめとして、密室での1対1のプライベートなケースから、テレビ中継されている国会といった究極の公的空間での、しらばっくれた答弁など、バカにされる対象や詭弁・欺瞞等の発信空間の広狭(コーキョー)はさまざまなのです。

　そもそも、「東大話法」という理念型自体が現役の東大教授から提起されたことをおもいおこすべきです。安冨さんは、東大をはじめとする、「オヤジ化」したエリートの害悪を指摘したわけですが、もともとは、安冨さんをはじめとした良識的東大教員自身が、東大内の教授会や委員会で理不尽なムリすじに苦悩し、ダメージをこうむってきた被害者だったのです。「東大話法」の最大の被害者は、東大教授や東大卒エリート官僚らと直接対峙する東大関係者以外なわけですが、東大の男性教員全員が東大話法の実践＝悪用者ではないし、しばしば被害者でもあったわけです。

3-2. 「オバサン化」とは：「男尊系ウイルス」によるミソジニーの内面化

■知性・感性・品性において、環境への過剰適応からくる諦念・無関心・嫉妬心など。

■本質として、逆説的な自己中心性がもたらす「ひらきなおり」「正義感」

→「オヤジ化」に対する耐性をつけることで感覚マヒをきたし、「オヤジ」支配の補完装置化し被害者たちをくるしめる共犯者と化す。(男性性の自明視から、若年男性を「だらしない」と罵倒したり、内面化されたミソジニーをわかい女性やゲイなどにぶつける。芸能人・アスリートなどのスキャンダルに過剰に反応し冷静さをかいた正義感をぶつける。……)

「オヤジ化」とくらべれば「オバサン化」の本質は大して悪質とはいえません。女性は、一部のエリートをのぞいて、動員できる資金・人脈などたかがしれているからです。しかし、「オバサン化」が猛威をふるうのは、「オヤジ化」を補完したり、よわいものイジメに加担するケースです。性暴力被害者を「スキがあった」などと非難するとか、同性としての共感力が欠落しています。これらミソジニーのコピー（内面化）というべき感性・品性の欠落＝「オバサン化」というのは、女性の中年化という加齢効果ではなくて、社会全体の「オヤジ化」への過剰適応がもたらした無責任さ、ひらきなおりという共犯、傍観者的悪影響なのです。

これらは総じて、「男尊系ウイルス」が女性に感染し、中高年で

発症したかたちといえるでしょう。

　ちなみに、「オンナの敵は、オンナ」といった格言がしばしばくりかえされてきましたが、ミソジニーの内面化による、年少女性・妊婦など弱者への攻撃こそ、この格言の趣旨がもっとも適当な領域です。なぜなら、年少女性のわかさへの嫉妬心から復讐心でイジメにはしる「おつぼねさま」などは、結局、わかい女性の未熟さ（≒少女性）を称揚する「オヤジ」感覚を逆説的に追認するからこその反動であり、結局は、女性に対する年齢差別を強化する逆効果をうむばかりであり、男性のミソジニーを補完するものなのです。わかい女性が自分たちへの嫉妬心を認識して反発するにしても、それをおもしろくないと感じる姿勢にしても、女性たちは男性たちの被支配層として分断されるばかりで、全然連帯できないままです。

　妊娠した女性の幸福感への嫉妬心も、休職・退職等による職場のシワよせに対する反感と復讐心によるバッシング（「マタハラ」）なども、みな「戦士として二線級」という女性のあつかわれかたを補完するばかりです。結果として、たとえば「女性医師は激務にたえられないから、男性医師を中心に育成すべき現状があり、だから医学部試験は男子受験生を有利にあつかう」といった論理が正当化されるし、それを現役の女性医師たちが「理解できる」といった論評をのべたりすることになるわけです。かのじょたちは、自分たちが、しらずしらずのうちに、ミソジニーを内面化して自分をふくめた同性を差別し、男尊社会をささえていることに、無自覚でしょう。完全な「オバサン化」です。

　助産師に男性が参入することに反対する女性たちが、産婦人科医が男性であることには、疑問をはさまないとか、うえにのべたような医師養成システムにおける男性優位にてらして、異常分娩など危

機的状況に対応する男性医師と、正常分娩にだけ対応する助産師という、専門職上の性別役割分業を当然視するなども、無自覚なミソジニーでしょう（ましこ2007：210）。この非対称性に疑問を感じない女性は、充分「オバサン化」しているとおもいます。

3-3.「中年化」防止のために、なにをすべきか：健全な羞恥心維持のためのモニタリング

　このようにみてくれば、たとえばヘイトコメントをかきこんでは自分たちの卑小な正義感・優越感をみたして溜飲(リューイン)をさげているネット右翼たちが「オヤジ化」のなれのはてであることは、容易に理解できるはずです。

　一方、芸能人などの不倫騒動に興奮してしまい、世間のバッシングまつりに参加してしまっている女性も「オバサン化」の典型例で、それは20代の女性でも同様です。「不倫」という事実によって、本当にきずつく家族ら関係者を本気で心配・同情などしているはずのない女性たちは、早晩、スキャンダルに興奮して、やすっぽい正義感を画面にぶつけていた実態などわすれてしまうのがつねです。

　「（本当は自分も不倫してみたいのに、やれずに我慢しているところ）ぬけぬけと芸能関係者など有名人がやらかしているのが、くやしい」といった下卑た動機こそ、図星だろうに、そのことには無自覚で妙な正義感をふりまわして、よっぱらってしまう。当然、すぐにわすれて、つぎの話題にのりかえ、また興奮をくりかえす。……これらは、個々の「オヤジ化」の暴走よりは、もちろんずっと悪質さがひくいけれども、破廉恥で無責任という意味では同質であり、蓄積した総体としては「オヤジ化」社会の補完物でしかありませ

ん[6]。これらのスキャンダルは、スポーツイベントなどとあいまって、重要な政治的争点をマスメディアのなかに埋没・忘却させる非常に効果的な装置として、保守政治家や大企業などは、実はこころまちにしているのです。

したがって、「オヤジ化」「オバサン化」を回避する努力は、「はずかしい人物、イタイひとと化さない」という、個人的な美意識の次元にとどまらない意義があるというべきです。なぜなら、男女の「オヤジ化」「オバサン化」がへらないかぎり、うつくしくない男女が再生産されるだけでなく、社会全体が「中年」支配という腐敗空間として維持されるからです。それは、外部の第三者（たとえば来日外国人など）からみて醜悪であるだけでなく、政治的・文化的によどみ、溌剌（ハツラツ）とした精神的わかさ・健全性とは対極の空間がつづく結果をうみます。それはたのしくないだけでなく、経済的にも停滞をもたらすことでしょう。

ともあれ、知性・感性・品性の中年化をふせぐためには、自他の関係性を全体的にモニタリングする道具をそなえ、さびつかせないことが重要です。センスをさびつかせないとは、すでにのべたように「男尊系ウイルス」を発症させないための抗体を維持するということです。ですから、センスの中年化防止とは、わかいひとと接するとか、わかい世代の享受するドラマやゲームなどをけぎらいせずとりくむ、といった努力ではありません。自分たちが無自覚に暴力的になってしまうことへの感覚マヒを防止することです。自分たちの無自覚な暴走を未然にふせぐために、じまえの「モニター」を確保することなのです。たとえるなら「精神・言動のカガミ」とでもいうべきでしょうか。それは、わかい年代の感覚におくれまいという悪戦苦闘ではなくて、「自分たちは、無自覚に弱者に打撃をあた

えてはいないだろうか」という自省心を維持すること、セクハラ・パワハラなどをしでかしていないか、不断に注意をはらうことです。

「オンナ偏の漢字はたくさんあっても、オトコ偏の漢字はみたことないな」とか、「男性助産師はいないのに、産婦人科医の大半はオトコだな」といった非対称性への疑問をもったり、「なんでピンクとかは、フェミニンなんだろう」とか、「テレビの女性アナウンサーは、みんなスカートだな」といった、女性性イメージの本質化（ジェンダー領域での本質主義の遍在）に敏感になることが重要です。ファッションやヘアスタイルや体型、装身具などが、フェミニンかそうでないかが固定化した現実とか、男性のスカート着用やメイクを異様な現実としてみてしまう自分の美意識とか、そういった自身の周辺の非対称性が「自然で本質的な現象なのか」について、かんがえるようになっていくことです[7]。

「コドモをそだてない女性は一人前じゃない」といった中年男女の発言はセクハラだと断言できる自分になるとか、「無精子症やEDの男性は結婚あいてとして無意味」といった感覚は障害者差別とつながっているかも、といった思慮をもつとか、「健全な異性愛男女による家庭が基盤」と信じてうたがわない「オヤジ／オバサン」の価値観は、冷静に判断されねばなりません。

これら一般にはフェミニズム＝女性差別反対論とみなされている批判精神は、単なるリベラル・イデオロギーではありません。社会学・人類学・教育学・障害学などが蓄積してきた本質主義批判であり、異性愛イデオロギーから男女を解放する視座なのです。そしてそれらは、「中年化」へとおいこもうとする男尊系ウイルスへのワクチンであり、発症予防薬ともなるのです。

文学関係者による傑作として、斎藤美奈子さんの『紅一点論──

アニメ・特撮・伝記のヒロイン像』を紹介しておきましょう（斎藤 2001）。「はじめに——世界は「たくさんの男性と少しの女性」でできている」という、社会の指導層の構成原理を解析するくだりは、全体を象徴しつつ代表していて、みごとです。しかも、フィクション作品のなかのミソジニーを抽出する秀逸な分析など満載です。

たとえば、「男の子の国はセクハラ天国である」「悪の帝国は女権の強い国である」「悪の女王はどぎつい大人の女である」「悪の女王は男の手下を使うボスである」「悪の女王は嫉妬深くて物欲が強い」「悪の女王は必ず負ける」……といった小見出しでもわかるとおり、フィクション作品にありがちなキャラ設定には、悪意しか感じとれない本質が普遍的にくみこまれていることに気づかされます。斎藤さんのみごとな解析に一度ふれておきさえすれば、男性漫画家や脚本家たちがかかえるミソジニーにすぐさま気づけるはず。定番の「やりくち」があらかじめよめるという点で、すぐれたワクチンといえそうです。

これらのワクチンの接種と発症予防薬の服用で、広義のセクハラーバッシングなどモラルハラスメントの加害者にならないだけでなく、被害をこうむるリスクもへらすはずです。結果として、本質化された男女イメージの囚人としてくるしむ構造から解放されて心身ともにラクにしてくれます。まさに「アタマとココロの健康」のための努力といえるでしょう。

注

1 **理念型　りねんけい　Idealtypus; ideal type**
　理想型ともいう。M. ウェーバーの社会科学方法論の基礎的概念。現実の一定部分を理解するための手段として，それを思惟のなかで整序し，それ自体矛盾のない理論的コスモスとして構成された一種の理想像が理念型である。〔……〕彼は理念型を，多数存在する経験的に与えられた所与の現実のなかからその概念を構成するのに必要と思われる本質的要素だけを取出し，一面的に高揚した結果つくり上げた一種のユートピア（思惟像）であるとした。理念型はその純粋性において現実のどこにも存在しないものであり，現実型ではない。さりとて平均型でもないし，また価値を伴った模範型でもない。本質的要素だけを取出してつくった思惟像であり，経験的事実と理念型とを比較することによって，現実の記述が明確にされる。理念型の検証は，社会科学的認識にとって有用かどうかによって行われる。
【ブリタニカ国際大百科事典】

2 　高名な社会学者、上野千鶴子は 2010 年刊行の『女ぎらい　ニッポンのミソジニー』を「#MeToo」運動などのうねりをうけて 2 章分を増補して文庫化したが（上野 2018）、そのひとつは「諸君！　晩節を汚さないように─セクハラの何が問題か？」であった。その 1 文のしめくくりに「男性ひとりに 1 冊」「『家庭の医学』なみの必需品」と絶賛されている牟田和恵『部長、その恋愛はセクハラです』の表題とあわせて、セクハラの主要加害者はやはり権力をにぎったことで「密室」でハラスメントを行使できてしまう中高年男性らしいことがよくわかる（上野 2018：303-337）。

3 　男性タレントのセミヌード写真集の相当部分の消費層は、女性ファンだけでなく、男性同性愛者の購買が無視できないとされる。
　また、女性タレントを性的対象とみない女性ファンたちによるグラビア市場も登場している（BE INSPIRED! 編集部「「女性だけで作る、女性目線のグラビア写真集」。元アイドルの女子大生が作る"エロ NG なグラビア"」2018/04/25, http://beinspiredglobal.com/interview-girls-gravure)

4 　第 120 話（2013.08.17）。ただし、ドラマ『あまちゃん』の登場人物は、当初からだます意図はなかったけれども、結果的にうらぎることになったと解釈できるようになっているが。

5 **東大話法規則一覧**
規則 1　自分の信念ではなく、自分の立場に合わせた思考を採用する。
規則 2　自分の立場の都合のよいように相手の話を解釈する。
規則 3　都合の悪いことは無視し、都合のよいことだけ返事をする。
規則 4　都合のよいことがない場合には、関係のない話をしてお茶を濁す。
規則 5　どんなにいい加減でつじつまの合わないことでも自信満々で話す。
規則 6　自分の問題を隠すために、同種の問題を持つ人を、力いっぱい批判する。

規則7 その場で自分が立派な人だと思われることを言う。

規則8 自分を傍観者と見なし、発言者を分類してレッテル貼りし、実体化して属性を勝手に設定し、解説する。

規則9 「誤解を恐れずに言えば」と言って、嘘をつく。

規則10 スケープゴートを侮蔑することで、読者・聞き手を恫喝し、迎合的な態度を取らせる。

規則11 相手の知識が自分より低いと見たら、なりふり構わず、自信満々で難しそうな概念を持ち出す。

規則12 自分の議論を「公平」だと無根拠に断言する。

規則13 自分の立場に沿って、都合のよい話を集める。

規則14 羊頭狗肉。

規則15 わけのわからない見せかけの自己批判によって、誠実さを演出する。

規則16 わけのわからない理屈を使って相手をケムに巻き、自分の主張を正当化する。

規則17 ああでもない、こうでもない、と自分がいろいろ知っていることを並べて、賢いところを見せる。

規則18 ああでもない、こうでもない、と引っ張っておいて、自分の言いたいところに突然落とす。

規則19 全体のバランスを常に考えて発言せよ。

規則20 「もし〇〇〇であるとしたら、お詫びします」と言って、謝罪したフリで切り抜ける。

6 そもそも、不倫騒動等をひきおこすような著名人に関するかぎり、オバサンたちのヒステリックな攻撃にこりることで、「めだたぬようにくらす」といった自浄作用などはたらくとはおもえない。つまり、イエロージャーナリズムが「社会正義」だの「しる権利」などと合理化しつづけてきたスキャンダルとは、「正義の鉄槌」などではなく、単に、のぞきみ趣味の商業化にすぎない。

7 近年、再三問題化している「土俵にオンナはあがれない」という相撲協会等がこだわっているタブー問題はもちろん、前述した、男性助産師をみとめない羞恥心問題が産婦人科のばあいは男性医師が問題視されない件や(『たたかいの社会学　増補新版』第6章【補論「男性助産師問題」の本質】、〔ましこ 2007：210〕)、あるいは、女性用の低用量ピル認可や定着がすすまないのに、安全性があやしい男性むけ ED 薬が超高速で認可された構造(ましこ 2005：79-85)など、非対称性をかかえた現実は無数にあげられる。これらについて、敏感に感じとれるようアンテナをはり、かんがえを整理するだけで、フェミニズムや男性学の実践となることは確実である。

4章
アンチウイルス／攻撃依存症抑止技法としての社会学

本章のねらい

社会学は周辺諸学とは誕生当時の経緯からして異質なため、独自の本質をかかえている。それは、流動しつづける近現代空間の独自性と並行関係にあるだけでなく、近現代空間がかかえる本質を解析するために不可欠な独自性をそなえていることでもある。

　本章では、社会的ウイルスの被害者にならないための護身術であると同時に、加害依存症患者にならないためのリスク回避装置としても機能が期待できる社会学周辺の知を簡潔な学史的整理としてみていく。

以上、「社会的ウイルス」の本質と具体的な感染対策を疫学的にかんがえてきました。ここからは、「社会的ウイルス」に対する感染予防に社会学周辺の知的蓄積がなぜやくだつのか、いま一度整理しておきましょう（学説史ではない、ミニ学史です）。

4-1. 近現代の誕生と並行していた社会学

　まず、おさえておくべき点は、社会学がほかの人文・社会科学とは出自がちがう点です。経済学や政治学などとことなり、「社会学(sociologie)」という現代的表現の誕生が、18世紀末から19世紀なかばにかけてであったように、フランス革命以降に明白になった、近現代という時間・空間と並行していたことが重要なのです。

　端的にいえば、政治現象や経済現象は、世襲身分社会でも当然観察され、特に権力者による統治技術としても学者の知見が必要とされていたので、政治学・経済学などは前近代（近世以前）から存在していました。ところが、フランス革命など市民革命が発生するあたりから、社会の編成メカニズムが一変してしまったのです。政治経済的身分が当然のように世襲される原理への強力な疑義ないし制限がうまれて、自己責任原則にもとづく自由競争原理で社会が急速に流動化していった時代に社会学は誕生しました。つまり、「社会学」は、ほかの社会科学とはちがい、「近代社会の科学的記述・解析」を意味します。

　したがって、社会学はカバーする時代が近現代限定（近世以前は社会史などにゆだねる）であるわけですが、カバーする領域もほかの社会科学とはちがいます。経済現象に対象を限定する経済学、政治現象に対象を限定する政治学などとはことなり、社会学は近現代

空間で発生する社会現象、ありとあらゆる現実にむきあう可能性をもっているのです。

その結果、経済学や政治学など周辺の社会科学がとりあげない領域をあつかう「残余科学」などという、ネガティブな位置づけもされてきました。たとえば、女子高生売春の現実は非合法化された地下経済というべき経済現象のはずですが、経済学者はまず対象化することがありません（例外は性風俗産業も「地下経済」の具体的現実だとして市場規模を試算した門倉貴史さんとか［門倉2002, 2018］）。麻薬売買組織や大相撲の八百長疑惑などをとりあげただけで『ヤバい経済学（Freakonomics）』などと表題がつけられる程度に、経済学本体は「お上品」な学風で、数理経済学や統計学が適用できそうな経済現象だからといって、なんでもあつかうわけではないのです（レヴィットほか2007）。

しかし何人もの社会学者が女子高生売春の実態調査をききとり等で実践してきたことひとつみても、ほかの分野の社会科学者がにげごしだったり、実際とりあげない社会現象に興味関心を維持しつづけてきました。アメリカのシカゴ大学社会学部の大学院生が投入された「シカゴモノグラフ」とよばれた調査などからずっとそうです。

近年は経済先進地域の都市社会の調査にてをだすようになった文化人類学であるとか、都市地理学の調査と区別がつかないのですが、社会学は「雑食性」というべき性格を維持していて、それこそ自然科学・数理科学関係以外のありとあらゆる領域に関心をよせています。その結果、都市社会学・農村社会学・家族社会学・労働社会学・政治社会学・文化社会学・映画社会学・歴史社会学……といったぐあいに、研究対象領域ごとに「連字符（ハイフン）社会学」が誕生してきました。

もうひとつ指摘されてきたこととしては、19世紀後半から20世紀初頭にかけて社会学の確立・定着期＝古典時代のおもなにないてが、複数の分野にまたがる人材だったことです。その経緯として、かれらが異端児であり、既存の社会科学のわくぐみに到底おさまらない問題関心をかかえていた点があげられます。

　たとえば、一般には左翼思想の代表者として記憶されているカール・マルクスは、第一にジャーナリストであり、学問的には経済学者として記録されるべき人物ですが、社会学の源流（「葛藤理論」とよばれる）のひとつとされています。

　マルクスの経済決定論に批判的だったマックス・ウェーバーは、経済学・政治学・歴史学など複数分野で古典的業績をあげると同時に、『プロテスタンティズムの倫理と資本主義の精神』という社会学的金字塔の作者として記憶されてきました。ウェーバーは、「葛藤理論」の始祖のひとりとしてマルクスとならび称されていますし、公務員試験の政治学・社会学の定番キーワードといえる「官僚制」という概念を定着させた人物としても記憶すべき存在です。また『自殺論』『社会分業論』『社会学的方法の基準』など、社会学の古典をのこしたエミール・デュルケームは、教育学・人類学・宗教学にも巨大な影響をのこしました。

　近年、研究者集団のなかで「学際領域」とよばれ、複数の学問分野の人材が協力関係をくんで共同研究をすすめることが推奨されていますが、社会学は古典的作品をうみだした確立期からすでに「学際」的な人材が複合的な問題関心から社会学的作品をつむぎだしてきたのです。既存の学問分野のどこかひとつにすっぽりとおさまりきるようなことのないテーマをかかえていたからです。

4-2. リベラリズム（解放思想）と並行してきた社会学

　以上のように出自が異色な社会学は、しにせ社会科学となにからなにまで異質な新参者でした。この性格は、周囲の業界・思潮との関係性においても異色なかたちとしてあらわれることになりました。

　まず、社会学は、19世紀から並行して開花・普及していったさまざまな解放思想と並行して蓄積・分化してきました。社会主義をはじめとする労働者解放運動、フェミニズムをはじめとする女性解放運動、反レイシズム、反ナチズム、反スターリニズム、反コロニアリズムなどはもちろん、20世紀後半以降開花した障害者解放論や性的少数者の権利要求などと社会学は親和的でした。総じて、自由・平等・友愛といったフランス革命などでかかげられた理想が欧米など経済先進地域の中産階級男性の占有物でしかない現実への異議もうしたて（リベラリズム）と、社会学普及は共闘関係にあったのです。

　だからこそ、戦前の特別高等警察や憲兵は、マルクス経済学と並行して社会学関係者を警戒して監視対象としましたし、冷戦構造のもと社会主義体制では社会学はほとんど開花できませんでした。戦前の帝国日本にあっては、身分秩序が濃厚にのこったままの階級社会を直視しかねない社会学は、本質的に危険思想といってもさしつかえなかったし、ソ連・東欧などの社会主義をかたった独裁体制をもっとも冷笑的かつ冷静に把握していたのは東欧にひっそり生息した社会学者だったでしょうから、当然です。

　冷戦構造をとおして、アメリカの保守派などは、自由主義経済体制の制度的優位を誇示していましたが、ベトナム戦争の大義のなさをはじめ、アメリカを宗主国とする自由主義経済体制全体がほぼ共

有してかかえている病理でもありました。

　奴隷解放令から1世紀もたって、なぜ公民権運動がもりあがったのか、南アフリカの国家的レイシズムに反対しない自由主義経済体制の大義とはなんなのか、沖縄や朝鮮半島に巨大な軍事基地を常駐させる米軍とはなんなのか、といった、自由・平等・友愛などの理念と完全に反する、女性差別・レイシズム・植民地主義などが20世紀後半はずっと支配的だったのです。冷戦構造が崩壊していく1980年代に、「現代思想」とよばれる思潮が日本をはじめとする経済先進地域で流行したり、社会学関連の本が一般読者むけにかかれるようになったりしたのは、偶然ではありません。

　独裁体制であるソ連・東欧だけでなく、「自由主義」「民主主義」をうたうアメリカをはじめとする「西側」の政治経済体制自体、自由・平等・友愛をもとめる解放運動と逆行するさまざまな障害・反動をかかえる存在だと暴露されました。「あとひとおしで全世界が解放されそう」という希望が世界の相当部分をおおったのです[1]。文学研究者が侮蔑をこめて「カルスタ」と総称する「カルチュラル・スタディーズ（cultural studies）」という思潮が、既存の学問体系の欺瞞・偽善性を暴露し正統性をゆるがした時代とそれは連動していました。残念ながら、その本質的な意義はあまり理解されず、単なるバブル経済期前後の流行文化の盛衰といったかたちでうけとられてしまいました。

　ともあれ社会学は、こういった経緯と時代的背景のもと、実証的な調査・研究と並行してリベラリズムと現代思想と一般によばれる思潮と融合し、時々刻々誕生するジャーナリズムや文学作品もふくめて吸収し自己変革をくりかえす思潮運動を形成してきました。たとえば、フェミニズムを吸収して女性解放理論と相互補完関係をも

ちつつ、それと連動する植民地主義批判と連動するとか、フェミニズムの成果によってもたらされた男性学のうねりと連動するとか、障害者解放運動と連動して障害学と共同歩調をとるとかです。

フェミニズム・コロニアリズム批判・障害学などと相互補完関係をとることで発見されたのが、たとえばナチズム・優生思想などの知的源泉となった社会ダーウィニズムの批判的検討、あるいは歴史・文学の思想史的再検討等を養分として発達してきた戦争社会学・軍事社会学・歴史社会学などです。

筆者の周辺でも、社会言語学や教育社会学と障害学が融合することで、あらたな「言語権」「学習権」の保障という問題提起がうまれています[2]。これらは、グローバル化や新自由主義が不可避の潮流だと信じられている風潮とは距離をおいて、社会的弱者や「歴史的敗者」の生活世界を再定義し、社会福祉や再分配などに、これまでなかった指摘をしようという姿勢として、やはり解放運動（リベラリズム）ということができるでしょう。

4-3. 被害者にならないための護身術としての社会学

さて、以上みてきたような特異な知的蓄積・思潮運動というべき社会学は、筆者が10年以上まえからとなえてきたことですが、「知の護身術」という技法になるとおいます。

なぜ「護身術」となりえるかといえば、シミュレーションによりリスクが可視化しやすくなるからです。たとえとしては、カーナビなど衛星写真的鳥瞰図によるモニタリング、あるいは洪水・土砂くずれ対策のハザードマップ等をイメージしてもらえればいいとおもいます[3]。

「自分たちの現在地」と「目的地」の距離と経路の概略が上空からみおろした感じで把握できる。複数の経路がしめされるだけではなく、道路工事や通行どめ、事故情報など、移動のための所要時間や障害があらかじめ試算される。できるなら、自分たちの運転技量や乗用車・経路の適合度＝リスクの大小もしりたい。もちろん、これらのたとえは、あくまで一般論でのイメージにすぎません。

　皮肉なことに、天気の長期予報がほぼ確実にはずれるのと同様、あるいは医師の診断が、なおりかけとか、ておくれにちかづけばちかづくほど正確になるように、現実の事態（時間・空間）が自分たちに接近すればするほど、認識の正確性はましていき、たとえば、視線をあげれば一目瞭然のランドマークが視野にはいるときが早晩やってきたりします。突然、目的地の建築物が眼前にあらわれるかもしれません。

　しかし、いずれにせよ、「自分たちにふりかかるかもしれないリスク」は、なるべくはやく、そして具体的に認識できるほどたすかることはいうまでもありません。かりに不治のやまいであれ、自分ののこり時間を試算して「終活」をすませたいひとはすくなくないでしょう。

　社会学は、いわば流動化しつづける近現代（liquid modernity）の人工衛星的鳥瞰図[4]です。利用者は自分たちの現代社会における「現在地情報」と「目的地」を入力して、移動経路の概要を認識し、途上の重要地点で参考情報の指示をうけることで、ハンドリングを調整します。ハイリスクな離発着以外は自動運転とする旅客機の機長のように、社会学的記述に機械的にそって日常をおくるだけでもおおむね安全なケースさえあるでしょう（かなり、ローリスクなめぐまれた生活環境のばあいだけですが）。

ハイリスクな空間は、かなりの程度特定できます。紛争地帯や銃器での自衛が自明視されるような空間はわかりやすい例です。犯罪発生率など治安統計を参考にして旅行準備するひとは、すくなくないはずです。

　しかし、もっとずっと地味な次元でのリスク回避もかんがえられます。たとえば、自国の軍隊が過去に無差別爆撃をおこなった都市のばあい、その歴史的事実がかりに何十年もまえにあったことであっても、サッカーの応援にでかけるのは安全でないかもしれない[5]といったことも、あらかじめ試算できるのです。無差別爆撃の記憶は当然、怨恨など敵愾心として次世代（2〜3世代≒40〜70年前後）にまで継承されるはずです[6]。

　特定の都市と友好関係を確認するために姉妹都市となるかもしれませんが、広島市にアメリカ大統領が訪問するために70年以上かかったこと、長崎には結局いかなかったことに違和感が表明された経緯などみても、戦争被害地域が過去の敵国にわだかまりをもたなくなるという構図自体がレアケースであることは、冷静にかんがえればすぐわかることです[7]。

　社会学は、こういった歴史的経緯に敏感になるだけでなく、民族・宗教など人文地理学的条件にも鈍感ではいられなくします[8]。装備のスペックや各国の軍隊文化などに興味が終始するミリタリーマニアとはことなり、地政学（Geopolitik; Geopolitics）に即した冷徹な現地情報をみちびくこともできそうです。そうであれば、たとえば「沖縄島周辺が中国によってねらわれているけれど、米軍基地が濃密に集中していることでまもられている」といったトンチンカンな地政学的判断におちいること[9]も、2001年のアメリカ同時多発テロ直後に「米軍基地があるからあぶなそう」と沖縄への修学旅行が

どんどんキャンセルされたといった愚考にもとづく愚行などもおきなかった[10]はずです。

　ここで、軍事・政治・宗教などからは距離のある、もうすこし日常にちかい次元でのリスク論に話題をうつしましょう。

　バブル経済期（1990年前後）には「3高」といった「高学歴・高収入・高身長」というハイスペックの男性がもてはやされ「ハデ婚」がはやりましたが、バブル崩壊後は女性たちが等身大の男性えらびに転換し「3低（低姿勢・低依存・低リスク）」や「3平（平均的な収入・平均的な見た目・平穏な性格）」といった、あきらかにローリスク戦略にシフトしたことが、結婚相談サービスなどの調査からうかがわれました。これは、女性たちが景気動向や家庭生活・人生の平穏さを計算するうえで、合理性を追求すると消去法的におちつくだろうという方向性がみてとれます（**リスク回避戦略**）。

　たとえば「3低」は、社会的に劣位にある女性からカップル形成をみたとき、当然穏当とおもわれる社会学的直観にそっているのです。「上司にむかってだけでなく、同僚・部下・自分の家族に最低限の礼節を維持できる（高慢でない）」「衣食住の最低限の知識と自活能力をそなえている（自立している）」「暴力・ギャンブル・依存症などと無縁である」といったパーソナリティーなら、たしかに安心できるからです。

　一方「3平」でいう「平均的収入」イメージは女性が男性にのぞんだ年収（2012年当時）はなんと680万円超（女性が最低必要とした年収は420万円超）だったこと[11]がしられており、30歳前後の男性でそれに到達している層は数％程度だったと推定され、全然「平均的」でもなんでもなかったことがわかります。主観性のたかい「平均的な見た目」「平穏な性格」がどの程度の要求水準だった

のかはわかりかねますが、「3平」を主張する女性たちのほとんどが（最低でも年収条件をおおはばにさげないかぎり）結婚できなかっただろうことは確実です。

　経済的劣位にある女性は、パートナーとなる男性の経済力をあてにしがちです。その際、「同世代・同年代男性の所得水準（平均値・中央値・最頻値的な「相場」）に無知である傾向がつよく、結婚市場における自身の位置づけを不当に過大評価しがちである」という社会学的記述をすれば、イヤミな人物といわれそうです。

　しかし、かりに結婚適齢期にある男性の居住地ないし勤務地のドットマップが入手でき、そのドットが年収別に彩色されているとしたら、「自分がだした条件が不当にたかいもので、同年代の同性と比較したときに、到底突出して魅力あふれるプリンセスではなかろう」という認識には容易にたてるでしょう。そして、実際、結婚相談サービスが提示する「相応のお相手」のリストは（年収条件をおおはばにさげないかぎり）ひとりもヒットしないという結論を提示することで、彼女たちの自己評価を急激に修正させる圧力たりえていたはずです。

　社会学は、晩婚化・非婚化がすすんでいるのは現代日本の最近の動向だけではなくて、経済先進地域での一般的傾向であること（東アジアでは特に進行していますが）、女性の高学歴化や社会進出、避妊技術の高度化などがそれを促進してきた20世紀末からの普遍的構造もおしえてくれます。酒井順子『負け犬の遠吠え』はすでに歴史的文献であって、たとえば女性の人生が結婚・育児を軸にしたものではかならずしもないこと、したがって〈出産育児と縁どおいはずの「非生産的」LGBTは配慮されすぎだ〉といった非難は時代錯誤で事実誤認にもとづく暴言でしかない、といった、ゆるがぬ結

論もだしてくれるでしょう（この点については、次節参照）。

　少子高齢化がすすむのは必然性があるとか、「日本の高齢者の介助労働力はたりなくなりそうだから、日本列島外から応援をたのむか、日本列島外で老後をすごす計画を本格的にくむべきだ」といった試算も、人口推計学などとともに提出してくれるでしょう。育児支援・高齢者介護をふくめて女性たちの生活設計に冷淡なミソジニー国家は、くちでいくら少子高齢化対策などといいつのろうと、不断にハイリスクな社会的選択をつみかさね、みずからくびをしめている、利己的な合成の誤謬をくりかえす空間であると、社会学周辺の知的蓄積は、以前から指摘してきたのです。

　以上これらの推論はみな「現在地情報（いま・ここ）」と「目的地（これからさき・ある地点）」を「社会学」というロードマップに入力することからはじまる試算の結果です。

　もちろん社会学関係者は、「いま・ここ」と「これからさき・ある地点」の二点をむすぶ「複数の経路」が、（地球自体の自転・公転などは慣性の法則として無視できるとしても）グローバル化など「流動化しつづける近現代（liquid modernity）」のただなかにあること。これまで想像もしなかったような技術的発見や自然災害などの影響で試算が台なしになってしまうリスクはたしかにあること。なにより投資・利子などを自明視した資本主義という経済システム自体が永続する保証などなく、政治経済などの基本メカニズム自体が本質的に変化してしまうことで、既存の社会変動モデルや技術革新モデルなどが無効化するかもしれないこと。などなど「想定外」をかんがえないでもありません。しかし、大地震や津波、隕石衝突、熱波・寒波といった自然災害で、あるいは人間のおもいあがりから悪循環が生起してとめられずにつきすすんでしまう大戦争など、そ

れで全人類が消滅することはないとおもわれるので、そのときはそのときと、わりきることにしましょう。

ともあれ、「彼を知り己を知れば百戦殆ふからず（かれおしり おのれおしれば、ひゃくせん あやうからず[12]）」（『孫子』謀攻篇）という格言[13]は、敵情のみならず、自軍のあしもと・周辺環境の長短の熟知をうながしています。「彼を知らず己を知らざれば戦ふ毎に殆ふし」という格言がしめとなっていますから、彼我双方がモニタリングできていない状況は危険だらけということです。「でたとこ勝負」でつねに危機をのりきるのはムリがあり、打撃をうけないためにも自分をとりまく周辺環境の鳥瞰図は不可欠といえます（ポータルサイトの「雨雲レーダー」や台風の進路予想図などを想起）。

4-4. 加害者にならないための「姿見」としての社会学

社会学は護身術となると同時に、自分たちが加害者がわにまわりかねないリスクを回避するためのモニタリング機能もはたせるはずです。自衛用の危機回避能力がつくのであれば、「自分だけははずべき加害者になるまい」といった危機感を維持するだけの姿勢（「中年化」回避意識）の基盤はできているはずだからです。「自分が弱者としてつけこまれたらイヤだな」という言動の予測と回避、意図しなくても社会的少数者の弱点をついてしまうリスクの予測など、自分をきびしく律しようという感覚さえそなわっていれば、想定外の事態や過失などがないかぎり、あいてに打撃をあたえずにすむことになるわけです。

それは、護身術をまなぶことで、ヒトが構造的にかかえている弱点・急所などを充分自覚し、そこを無防備にしないよう警戒し、打

撃リスクを回避する姿勢の確保とそのための修練ができる。その自覚・修練の蓄積で、弱点・急所をさらしがちな弱者のリスクが客観的に把握できるようになる。自分がそういった弱者を護衛・救出などかばおうとすれば、なにをすべきか、悪意ある攻撃者がどこにひそみ、どういった戦略・戦術でうってでてくるか、予測し回避できるようになる。あるいは、攻撃の意図がなくても、過失等で非常に危険な状況をもたらしてしまう人物や動物、あるいは危険物は周囲にないのか、そこからの危機回避はどうあるべきなのか、予測し対策がたてられる。……こういった武道・逮捕術などの効能の構造は、社会学などによって攻撃リスクを未然にみきわめ危機回避するときにもそっくりあてはまります。

もちろん、これら利他性を確保するためには、「なさけはひとのためならず」などと、自分自身の精神衛生のためにも功利主義的に計算しても得であるなど、率先して自分を律し博愛的にふるまえる心理的・身体的ゆとり (Slack)[14]が不可欠です。自分のモニタリングにあまく、単に自助努力しかできない人物にとっては、利他的な言動を維持するだけの心身のゆとりが欠落ないし不足しているのですから、ひとさまのことにかまっているばあいではないのです。

津波災害時の伝承・格言「てんでんこ」(「津波が来たら、取る物も取り敢えず、肉親にも構わずに、各自てんでんばらばらに一人で高台へと逃げろ」「自分の命は自分で守れ」など)[15]のように、まずは自分がたすかることが必要で、それがあってこそ利他的言動が成立します。おぼれかかっている人物をすくいつつ自分が溺死してしまうなど二次災害にあってしまうようでは、利他主義者として失格です。

さらに、緊急事態のばあいはトリアージほか冷酷に究極の優先順

位の決定もしなければならないことにもなるでしょう。そこで必要なのは、徹頭徹尾冷静さにもとづいた心身のゆとりなのです。そういった心理的物理的基盤さえあれば、護身術たる社会学周辺の蓄積にまなんだ知的訓練は、有事の際にきっとやくだつはずです。

　ともあれ、みずからが加害者がわにたってしまう、あるいは過失をしでかす事態をさけるためには、自分自身と環境をモニタリングするほかありません。さきに「彼を知り己を知れば百戦殆ふからず」という格言をひきましたが、敵情のみならず自陣についても熟知すべしというおしえは、友好勢力・中立勢力などに損害をあたえないためにも有用です。その際、社会学は、いわばカガミとして自己像を確認する道具としてやくだつはずです。

　周囲の人物をしらないうちにケガなどをさせかねないトゲのような危険部位が衣装・装備などにくっついていないか、それこそ、登校・出勤まえなどに「姿見」をのぞきこむような準備をつねにおこたらないということです。都市部にくらす女性なら、大小のカガミを介して、外出中、一日何度も自己像を確認しているはずです。これら、はずかしくない格好の維持という自己を律する意識は、周囲が気分を害する事態をひきおこさないことはもちろん、加害的言動をとらないように注意することとつながっているわけです。

　一部の攻撃的部分の歓心しかかかわらないような暴走発言を政治家など公人が放送やSNSなどでやらかす。ときに雑誌の特集などに寄稿してしまう。……などは、まともな感覚をそなえたディレクターや編集者のチェックをへない放送や出版物のようなものでしょう[16]。いや、そもそも本人や秘書などがまっとうな羞恥心・自制心をそなえていればおきない事態です。

　しかし、現に保守政治家や大企業幹部などが暴言を頻発してきた

とおり、これらチェック機能がはたらかない現実があります。すくなくとも本人や周囲はモニタリング機能が欠落しているか、それを利用できていない証拠でしょう。

さらに深刻な問題は、かれら「ふとどきもの」を「先生」として当選させつづけてはじない「票田」や、「代表」「上司」として指導・指揮を甘受しつづける部下たちの倫理感です。それら「支持」があってこそ、かれらが加害行為に終始し、しばしば「失言であった」ことさえ否認しつづけられるわけです。自分自身はもちろん、「とりまき」層のモニタリング機能が欠落しており、「あながあったら、はいりたい」と感じるセンサーが機能しないまま放置されているのです（前述した「中年化」）。

こころあるアメリカの有権者たちが自国の大統領の言動をはじている[17]のと対照的に、日中ロシアなどの国民の相当部分は、羞恥心をもちあわせていないようにみえます。それは、おそらく代表者の知性・品性が国民をどの程度代表しているかにかかっているのだとおもいます。小選挙区制など種々の選挙制度によって、かならずしも「民意」が国政等に反映するとはかぎりませんが、すくなくとも大統領とか首相といった政治権力の代表者、中央政府のトップの人品は、国民の平均的水準、ないしは最頻値的な部分を代表してしまっていることは、否定できません。その際、それら政治的代表の「中年化」の水準は、残念ながら、かれらを選出するにいたった国民の「民度」というものの反映だとおもわれます。

ちなみに、筆者のたち位置について誤解のないように補足しておきますと、オバマ前大統領は、ウサーマ・ビン・ラーディン容疑者を特殊部隊が虐殺した際におおよろこびしたことや、広島市を訪問した際にも核爆弾の携行リモコンスイッチは随行員がしっかりはこ

んでいたことなどで、非常に失望させられた人物です。かれは、ひさしぶりにわかわかしい移民国家アメリカの希望の星のように期待がかけられたはずですが、しっかり「中年化」しており、帝国アメリカを代表するエリート男性だったのだと再確認した次第です。

現代日本より、ずっと躍動感をもった柔軟な国家アメリカというイメージが確認できた反面、反主流派からでた政治リーダーも、最高権力者の地位に君臨した途端、帝国主義者としての宿命から全然脱却できなかったのだと、痛感させられたわけです。社会学のメッカとしてひさしいアメリカという国家では、大学でまなぶ機会が大量に用意されているし、実際オバマ大統領支持層のおおくは社会学にふれた市民だったはずですが、残念ながらそれが本当に機能しえない政治的現実をつきつけられもしたということです。

このように、正直にいえば、社会学周辺の知は、社会的ウイルスの暴走を抑止する特効薬にはなれません。高学歴化が社会全体の知性化を保証しないように、社会学的蓄積の大衆化が理想郷をもたらすわけでないことはもちろんです。しかし、暴走を最小限に抑制するワクチンとして、なかった時代とは異質な疫学的効果を維持していくことは確実です。筆者をはじめとして、社会学徒ほか周辺の研究者や、その影響をうけた言論人が、発信をつづけるのは、その意識が共有化されているからだとおもいます。

【コラム】社会学って、結局なに？
：「社会学的想像力」と「窓の学問」

辞典・事典類をネット上から「定義」をいくつかひろってみよう。

- ■「社会現象の実態や、現象の起こる原因に関するメカニズム（因果関係）を統計・データなどを用いて分析することで解明する学問」　　　　　　　　（日本語版ウィキペディア「社会学」）
- ■ "the scientific study of society, patterns of social relationships, social interaction, and culture of everyday life"
　　　　　　　　　　　　　　（英語版 Wikipedia "Sociology"）
- ■「人間の行動に作用する社会現象のメカニズムを実証主義の手法で研究する学問」　　　（Hatena keyword「社会学とは」）
- ■「社会（文化をも含め）の構造と機能、変動と発展を人間の社会的行為とかかわらせながら、固有の概念・方法を用いて理論的・実証的に究明し、歴史的・社会的現実を貫く法則を明らかにして、現実の諸問題の解決に寄与しようとする社会科学の一部門をいう。[濱嶋　朗]」　　　　（日本大百科全書「社会学」）

　実際には、多様な「定義」がなされてきたわけで、さほど熱心に「定義」をおってきたわけではないが、非常勤講師時代から25年ほど教壇にたちながら、いまだに「決定版」というものにめぐりあえた記憶がない。そして、ちょっとまえに『社会学のまなざし』と題した社会学入門をかきおろしたものの、満足な定義ができたかとい

えば、疑問ののこるところだ。

同時に、高校までで学校であてがわれた「社会」という教科群との関連性、事典類での定義から感じとれる、周辺領域とおぼしき経済学・政治学・人類学・心理学などとの異質性はどこにあるのか、具体的にはどんな対象をどんな手法で記述・分析していくのか、などといった疑問も当然でてくるだろう。

ウィキペディア「社会学」にあげられている、各分野の列挙によれば、つぎのとおり。

> 医療社会学／エスニシティの社会学／音楽社会学／科学社会学／家族社会学／環境社会学／感情社会学／教育社会学／軍事社会学／経営社会学／経験社会学／経済社会学／言語社会学／国際社会学……

特定の分野をとりあげる「連字符社会学」は、50音順に列挙されながら35分野におよぶ。今後も専門分化がはげしいままなのか鈍化するのかともかく、門外漢からは無数の領域が雑然と雑居しているようにしかみえないだろう。

方法論上の議論をとおした種々の手法についても、統計データから帰納的に相関関係・因果関係などを抽出しようとする計量分析、数学的解析をとおして社会現象のメカニズムを推計しようとする数理社会学、会話データや動画などを1次資料として言動の内的構造を当事者が自覚できないような次元まで解析していく会話分析やエスノメソドロジー、近現代史の各種資料を社会学的に解析していく史的社会学[18]など、これまで多様なかたちが導入されてきた。したがって、すっきり「これが社会学」とは、まとめきれないのだ。

したがって、「社会学とはなにか」という厄介な課題にこたえるのは困難として、ここでは方便として、乱暴なわりきりをすることで、おゆるしいただきたい。

■社会学が対象化する社会現象は、人間がくりかえす、ないし各人を包囲し規定する「社会」の影響で発生させた言動全般がふくまれる。つまり、動植物や無生物がおりなす現象をとらえる自然科学の対象以外すべてがふくまれうる。
■ただし、社会学は基本的に近現代に発生した社会現象に限定してとりあげる。なぜなら、中世など世襲身分社会や狩猟採集社会には、ミームの介在による動物とは異質な歴史的変化と蓄積はあるものの、自己責任原則にそった「自由」が不在だからだ。
　社会学徒は、自己責任原則にそった「自由」にもとづく人間行動がランダムな発生をみない不可思議（磁場のような不可視のメカニズム）を解明したい。自己責任原則にそった「自由」にもとづく人間行動の帰結が蓄積することで変動していく「社会」の秩序と変容を観察−解析したい、とかんがえ、近現代空間にとりくんできた。
■自然科学の対象以外すべてがふくまれうる以上、社会現象全般がカバーされうる（経済現象／政治現象／教育現象など領域を限定した周辺諸学とは異質）し、当然学校教育で提供される「社会関連科目をはるかにこえた広域の事象がとりあげられる。
　教科書検定などがタブー視してカリキュラムから排除してきた在日コリアンほか日本列島周辺の少数民族問題は、「エスニシティの社会学」「教育社会学」「軍事社会学」などを軸に当然のように主要テーマとなるし、「ブラック企業」「過労死」「貧困家庭」をは

じめ資本主義の病理も、高等学校公民科の「政治経済」や「現代社会」がとりあえずあつかうにとどめる姿勢とは比較にならない次元にふみこむことになる。

- 新聞／テレビ等マスメディアが展開してきたジャーナリズムが提供し蓄積してきた「社会の実相−変貌」「くつがえされた定説」といった報道姿勢とはことなり、「社会の実相−変貌と定説との乖離がおきるのはなぜか」「不条理にうつる実態がくりかえされるメカニズムをあきらかにする」といった問題設定・解明作業を蓄積し理論化する。

- 社会学は、近現代空間を人工衛星によって観測するような鳥瞰的視座を維持し、同時に必要に応じて虫瞰的接写もこころみるという柔軟性をそなえているモニタリングシステムである。高田明典が「現代思想」とよび、利用者がたつ「現在地」と「目的地」を特定しガイドマップをかく作業になぞらえたことと基本的にかさなる（高田2006）。

- モニタリングシステムである以上、各種リスクを未然に予期し、個々人はもちろん各集団がそなえるべき危険性を具体的に試算する理論装置として期待できる。

- 他地域／他領域との比較（共時的対照）、過去の再検討と比較（通時的比較）、理想型との比較（論理／数理／統計的検証）など、「いま・ここ」を相対化する「外部」に着目したダグラス・ラミスのいう「窓の学問」の提起とかさなる学際的・総合的な知をなす。

- 現在では、かつての哲学がになっていたような「扇の要」に位置するとかんがえられ、周辺諸学の基礎科学であると同時に、特に社会科学を統合する「腰部」ないし「脊柱」的機能をはたす「社

会の共有財」となりつつある[19]。

注

1 日本で「昭和」がおわるころ（1980年代末）、くしくもソ連・東欧は政治体制として末期をむかえており、中国も「天安門事件」など体制の正統性が深刻なゆらぎをみせていた。

2 たとえば、主題ないし副題に「ことば／権力／差別」という3個のキーワードがすえられた論集2点（ましこ編 2006=2012, かどや／ましこ編 2017）であるとか、これらに紹介された多数の研究蓄積など。

3 脳科学者と称される茂木健一郎は、「メタ認知」として、自分自身を「幽体離脱して上から見る」ことで冷静になるという姿勢（再帰的「傍目八目〔おかめはちもく〕」状態）を提案している（茂木 2018）。これは、サッカー選手のごく一部が、モニターカメラからみおろした動画のようなイメージで、自分たち選手たちの布置関係・うごきを把握しながらプレイしていたと述懐するイメージとかさなる。ただし、こういった感覚が通常驚異としてうけとめられるように、自分をふくめた全体状況を俯瞰しながらうごくことは、ほとんどのばあい不可能だ。一流選手自体も「かたくなった」り（サッカーの PK やバスケットのフリースローの失敗 etc.）、激昂して退場処分にいたるなど、冷静でいられなくなる状況の方がむしろ常態といえる。「いうはやすく、おこなうはかたし」の典型例である。

精神分析理論周辺で「自己分析は不可能」といわれてきたのも、この冷静な再帰的自己言及の根源的困難性に起因するものといえるだろう。むしろ、精神分析モデルが指摘した抑圧など自我体制がかかえる防衛機制といった現実直視忌避や記憶の隠蔽・捏造等、あるいは、ジョセフ＆ハリーが提起した「ジョハリのまど」における "blind self"（他者には認識されているのに、認知上の死角にあって自覚できない部分）などが、つねにつきまとうのが、人間の常態といってよかろう（ましこ 2005：147-152）。

4 もちろん、実際の人工衛星のように地上から数千キロはなれたところで軌道をまもりつづけるような距離化はとらず、必要に応じて対象へと接近するし、フォーカスをあわせて接写するなど、鳥瞰図的把握と対照的な「虫瞰図」的データも入手しようとする。

5 サッカーの AFC アジアカップ 2004 で日本代表は、旧日本軍が無差別爆撃をくわえた重慶市でたたかうはめになり、痛烈なブーイングをあびつづけることになったのに、たとえばウィキペディア「AFC アジアカップ 2004」などの記述では、そういった歴史的背景にはいっさいふれず、ひたすら中国政府・中国国民が非礼だったといった感情的反発をしるすのみである。当然「敵地」に応援にいかねばとかけつけた日本人サポーターも歴史的経緯になど無知なまま、「反日」的雰囲気に反発しただけだっただろう。現地住民が非礼であろうと、開催国政府やアジアサッカー連盟がわざわざそういった危険な会場設定をしたことが不適当であろうが、しらずに「応援」にでかけてしまうのは、単なる無知による無謀というほかない。

6 社会学は歴史学ではないし、そもそも世襲身分社会がおわりをつげた近現代空間に限定して社会現象の記述・分析をくりかえすものである。しかし、日中戦争もサッカーのアジアカップも近現代空間で発生した現実であり、そこに戦争責任の記憶とかナショナリズムなどを介して1地点での2時代がつながるなら、まさに社会学的課題といえる。

7 戦国時代をえがいた歴史ドラマなどでよくとりあげられる秀吉らによる朝鮮出兵。びっくりするかもしれないが、これは東アジア、特に韓国では、「日本人は野蛮である」という証拠として20世紀前半の帝国日本の時代と並行して記憶されている。敵兵をいかに殺戮したかの論功行賞の証拠のために、耳そぎ・鼻そぎ行為をくりかえしては、それを塩・酒にひたして輸送したのである。犠牲者を慰霊するという趣旨で「耳塚」「鼻塚」が京都などにのこっているが、被害地域からすれば残虐行為のつみほろぼしになどなるまい。「あしをふまれたものは、いたみをわすれない」といわれるが、被害者・加害者の記憶には、極端な格差がでる。加害者は行為を矮小化し、しばしば加害行為自体をわすれてしまうからである。

　アメリカ人が原爆投下の犯罪性を自覚せず、むしろ正義の鉄槌ないし、戦争被害者を最小化するための不可避の選択肢＝必要悪と正当化するなどをしようと、広島・長崎の被爆関係者を中心に、その惨劇がわすれさられることはない。反韓意識のつよい右翼勢力は、ベトナム戦争に参戦した韓国軍兵士による多数のレイプ事件や「タイヴィン虐殺」「ゴダイの虐殺」など戦争犯罪をさかんに非難するが、ベトナム戦争当時を記憶するベトナム国民がもっともにくんでいるのはアメリカ軍将兵であることはまちがいない。殺戮や汚染など、アメリカ軍がおかした戦争犯罪の質・量が突出していて、韓国軍将兵による犯罪など比較にならないからだ。現在のベトナム政府がいかにアメリカ政府と経済協力等で友好関係を維持していようと、国民感情がベトナム戦争をいたしかたなかった時代などと、過去のちいさな悲劇としてかたづけているはずがなかろう。

8 社会学や地理学などにふれることで、一神教空間がある種のハイリスク状況である現実は、宗教学・民族学などを専攻しなくても、気づけるだろう。たとえばイスラム圏、特に敬虔な信者が集住する地域のばあい、モスクを中心に信仰生活を遵守する保守的な雰囲気が支配する現実、金曜日が安息日として聖なる時空が出現すること。とりわけラマダーン（聖なる月＝断食期間）にあたる時期の金曜日は突出した非日常となること。そんなおり、外国人異教徒（あるいは無宗教者）たちによるアルコールや豚肉をからめた飲食がいかに、いかがわしいふるまいにみえるか、などは、現地調査などしなくても自明の現実として理解される。こういった素養がかけていると、たとえばウィキペディア「ダッカ・レストラン襲撃人質テロ事件」の記述のように、「背景」を、ひとえにイスラム原理主義がうみだした過激派の暴走といった印象でしかえがけないことになる。襲撃をうけた外国人た

ちが、いかにハイリスクな行動をとってしまっていたかへの配慮が欠落しており、ひたすらムスリムの信仰意識に責任転嫁してしまっている現実に無自覚なのは、宗教学的素養の不足というより社会学・地理学などに無知な編集者だけだからとおもわれる。

9 中国に琉球列島に対する積極的野心があるなら、ベトナムとなかたがいなどせず、アメリカの封じこめ政策にもっと強硬に抵抗してきただろうし、アメリカがもっと積極的に中国封じこめを意図するなら、日本海がわに原発銀座などをつくらせないことはもちろん、自衛隊基地配備だけでなく、より露骨な米軍機配備をつづけてきたはずだ。沖縄島周辺に米軍基地が集中しているのは、日本人が米軍基地を迷惑施設としてイヤがるので、日米両帝国の植民地である琉球列島にしわよせしたにすぎない。

10 「9・11同時多発テロ」によって急に米軍基地へのテロリスクがたかまったような印象をもった日本人だが、ミサイル攻撃をふくめて、在沖米軍を潜在的標的としている勢力はたくさんあるだろうし、2001年以前からあったはずだ。ニューヨーク等アメリカ本土が攻撃対象となったので急にこわくなったというのは、そもそも安全保障に対する恒常的無策・無思想の結果である。その証拠に、2001年からほどなく、日本人は沖縄にリゾート等で大量につめかけるようになった。「同時多発テロ」当時のパニックをすっかりわすれたかのように。

11 「理想の結婚相手は"三高"より"三平"― だが、女性が男性に求める年収682万円」『マイナビニュース』2012/08/13 (https://news.mynavi.jp/article/20120813-a041/)

12 大意は、敵味方双方の情勢を充分把握した将軍は不敗を維持できる。

13 原文は「知彼知己、百戰不殆。不知彼而知己、一勝一負。不知彼不知己、毎戰必殆。」(https://ja.wikiquote.org/ 孫子)

14 ここでは、行動経済学者ムッライナタンらが提唱する「スラック(突発事態に対処するためのゆとり)」などをしめす(ムッライナタンほか2015)。

15 　https://ja.wikipedia.org/wiki/津波てんでんこ

16 まともな感覚をそなえた編集部などが不在だったケースとしては、2018年9月休刊においこまれた『新潮45』をあげるべきだろう。杉田水脈衆議院議員の性的少数者に対する露骨な差別文書をふくめた暴走というほかない特集(2018年8月号)と、それへのはげしい批判に対する反論の特別企画「そんなにおかしいか『杉田水脈』論文」(2018年10月号)は一層炎上する事態をまねき、新潮社内部からの批判さえ噴出した(ウィキペディア「新潮45」、同「杉田水脈」など参照)。ちなみに杉田議員は性暴力被害者の尊厳を冒涜する言動もくりかえしており、ミソジニーを内面化して同性を差別する典型例といえよう。

　なお、「杉田水脈」論文がはらむ問題性が単なる性的少数者への攻撃にとどまらず、優生学的な典型的ヘイトスピーチであったことを体系的にうき

ぼりにしたものとしては、「杉田水脈議員の言葉がもつ差別的効果　熊谷晋一郎氏インタビュー（1）」「「生産性」とは何か？　杉田議員の語ることと、障害者運動の求めてきたこと　熊谷晋一郎氏インタビュー（2）」などをあげることが適当とおもわれる（岩永2018abcd）。

17　たとえば、オバマ前大統領の政治姿勢や言動について異をとなえる有権者であっても、「国民の代表としてはずかしいので、くちをつぐんでほしい」とねがう層は少数派だったろうことと比較するとよかろう。民主党内の政敵はもちろん、反オバマ派の共和党議員たちであっても、「大統領の言動がはずかしすぎて、たえられない」とはまでは感じなかっただろうことは、重要だ。

18　対応する英語は"historical sociology"。一般には「歴史社会学」という呼称で定着している。

19　なお、科学としての社会学（社会科学の一分野としての「狭義の社会学」）については、つぎのような批判（太郎丸博、2009.03.31, http://sociology.jugem.jp/?eid=277）が有名である。

阪大を去るにあたって：社会学の危機と希望

……最後に日本の社会学に対する危惧を一つ述べておきます。日本の社会学の特徴は、アカデミズムの軽視だと思います。すなわち、学会報告や学会誌を軽視しているということです。学会発表もせず、学会誌に論文を投稿もせず、それでも社会学者づらして本を出版したり、さまざまなメディアで発言することができるのが、日本社会学の実情です。このようなことが起きるのは、学会報告や学会誌が、新人の登竜門として位置づけられており、その評価が低いからだと思われます。エライ先生は本しか書きません。エライので査読を受ける必要もありません。こっそり紀要などに考えを公開することはありますが、人から評価されるのは恐ろしいので、学会誌には絶対投稿しません。出版社も本が売れさえすればいいので、研究の水準や主張の真偽は気にしません。エライ先生はシンポ等でのスピーカーを依頼されれば断りませんが、わざわざ学会発表なんて、バカバカしくてできません。大学院生たちもこのような先生を見て育ちますから、アカデミズムを軽視し、本に好き勝手なことを書くことを理想とするようになります。研究そのものから降りてしまい、研究成果をほとんど出さない人も多数あらわれます。

　このような状況下では、専門家どうしの真剣な議論など望むべくもありません。分業という美名のもとに相互不干渉の縄張りが多数形成されています。国際的な競争力もつきません。日本の有名社会学者で海外でも名の知られている研究者が一体何人いるでしょうか。外国語で出版したり、国際会議で報告している研究者は、全社会学者の10％にも満たないのではないでしょうか。……

このような状況の原因は、アカデミズムの軽視であり、同僚の社会学者の軽視です。アカデミズムとは、集合的な真理探究のシステムです……。学界は、集合的な知識産出のシステムであり、相互評価と相互のアドバイスの場でもあり、研究者間の競争の場でもあり、政治的な闘争の場でもあります。……個人も社会学界も間違えることはあるでしょうが、個人のほうが、社会学界よりもよく間違えると思っています（そのメカニズムを数理モデルで定式化しろと言われればできそうな気がします）。それゆえ学会発表や学会誌は重要なのだと信じています。……
　研究はコミュニケーションです。専門を同じくする社会学者を説得できなければ、十分な水準の研究とは言えません。「結論は出ない」とか『真理』は存在しない」とか「自分が納得できればいい」といった逃げ口上は通用しません。……「自分が納得できればいい」だけならば、そもそもその人の研究は何の役にも立たないわけですから、そんな人に研究費や給与を税金や授業料からねん出すべきではありません。……
　「アカデミズムという形式に縛られず、自由に議論したい」という人もいるでしょうが、それならば、学者はやめてしまえばよろしい。東浩紀のように評論家になるなり、ジャーナリストや小説家やアーティストになればいいのです。社会学者という肩書で語る以上、アカデミズムの権威のうえに乗ることになります（その点、東浩紀はいさぎよいというか、好感度が非常に高いです）。つまり「厳密に論証しろ」という要求には、「自由な議論を抑圧するな」と反体制ぶって見せるくせに、対外的には社会学者として語るという欺瞞は見ていて不愉快極まりありません。
　長々と書いてきましたが、年寄りがこんな文章を読んだからといって今さら研究スタイルを変えるとは期待していません。しかし、私よりも若い人々には期待しています。国際的に通用する、明快で厳格な論証を心がけてください。売れるかどうかで研究を評価しないでください。それは素人の評価であって、本当に書いてあることが「正しい」という保証にはなりません。自分の力を過信せず、学界をうまく活用してください。特に匿名の査読はあなたに対する本当の評価を知る上で有益です。同業者とのコミュニケーションから逃げないでください。学界で書き続けること、発言し続けることこそ研究者のあかしです。
　本書が「国際的に通用する、明快で厳格な論証を心がけて」などいないことは明白だ。「エライ先生」でさえない人物が「アカデミズムを軽視し、本に好き勝手なことを書く」「社会学者づらして本を出版したり」するさまは笑止千万であるばかりでなく、社会学界に対する冒涜にみえるであろう。
　しかし、この誠実な研究者がひとつみおとしている点があるとおもう。

それは「社会学は社会学者の占有物ではない」という単純な事実だ。「真理探究のシステム」をになうのは、「知的職人」（C・ライト・ミルズ）たる狭義の社会学者だけだろうが、社会学的理論・データは共有財であり、その利用は万人にひらかれているからだ。「数理モデルで定式化」可能で、計量分析で検証ができるような「科学」としての「狭義の社会学」だけでなく、論理学や統計学の定式化されたプロセスのような「共有財」としても社会学は存在しており、その概要と意義をとく「宣教」活動自体には、充分な社会的意義があるはずだ。そして「狭義の社会学」のベースとなる社会科学的・数理科学的・実証史学的な周辺諸学や、ジャーナリスティックな感覚、文学的センスなどもふくめて動員される英知をふくめた「広義の社会学」の意義を、「社会学的想像力」を提唱したC・ライト・ミルズが否定するとはおもえない（ミルズ 2017）。

　たしかに「アカデミズムを軽視し、本に好き勝手なことを書く」ことは無責任だし、「社会学者づらして本を出版したり」することは権威主義の悪用だが、すくなくとも「外国語で出版したり、国際会議で報告している研究者」だけが科学を実践しているかのような科学観はせますぎるだろう（「外国語」≒英文だろう、こういった感覚は、国際的なアカデミズムに対するナイーブな権威主義であり、たとえば英文化されない論文などよまなくても日本列島が理解できると錯覚している欧米人研究者の政治性等にあまりに鈍感にみえる）。

5章
補論1　差別周辺のソボクな疑問にこたえて

以下、差別現象周辺で、しばしばくりかえされてきた疑問・異論などに、まとめて回答したいとおもいます。攻撃的な社会的ウイルスの中核的リスクは差別現象といえるからです。

　残念ながら、小中高校などでの道徳関連教育では、このような課題に正面からこたえることがなく、まとまった知識や議論の整理がなされてきたとはおもえません。今後、こういった問題にいちいちひっかかることなく、論点が整理されたところから出発できるようにしてもらいたいからです。

Q0 マジョリテイ／マイノリティ、ってなに？

A0 通常、この二項対立は「多数派／少数派」と訳されたりもするように、人口比での大小と対応するようにかんがえられがちです。しかし、ほぼ同数なのにマイノリティとされるのが女性であったり、アパルトヘイト時代に9わりの人口比をしめながらマイノリティだったのが南アフリカ共和国の黒人だったように、「なにが多かったり少なかったりするかといえば、人数ではなく、行使できる権力の量」なわけです。だから、「支配的集団／従属的集団という意味だと理解したほうがいい」のです（金 2018：8）。

しかし同時に、自由に日本語を駆使する在日コリアン三世の大学教員が健康で異性の配偶者もつ男性のばあい、「レイシャルハラスメントについては被害者になるリスクが高いのに対して、そのほかのハラスメントでは加害を行うリスクが高いということ」が指摘できるように、「マジョリティ／マイノリティの区分は絶対的なものではなく、行使できる権力の種類によって関係が逆転したりすること」もありえるわけです（同上：9）。「マジョリティ／マイノリティの区分が文脈によって変化するということをつねに意識していないと、マジョリティとされる人がハラスメントを受けるようなケースや、社会的地位が高いマイノリティがハラスメントを受けるようなケースを見逃す」ことになりかねないと（同上）。

こういった局面ごとの文脈の流動性があるがゆえに、のちほどの

べる「逆差別」論なども不断に噴出することになります。客観的には、到底差別されるがわにはないとおもわれるのに、「むしろ自分たちは不当に差別されている」といった、被害者意識が、マジョリティやエリートたちに蔓延したりするのは、この「マジョリティ／マイノリティの区分」の流動性・相対性の構造的産物でもあるのです。

差別と区別のちがいとは？

A1 通常もちいられる「差別」という表現は「不当なあつかい」、「区別」とは質的にちがうと位置づけてあつかいをかえることを意味します**1**。

「差別」には理不尽さがともないますが、「区別」のばあい「ちがうものをちがうとみる」「ちがうものをちがうとあつかう」という価値評価とは別個の中立的な位置づけがイメージされています。

そのため、Aという人物がとった「区別」する行動がBという人物にとっては「差別」行為とうけとられるというズレがしばしばおこります。人物Aにとっては、ごく自然・普通に感じられた区別が、人物Bにとっては理不尽としかみえないことがあるからです。

結局、同一の現象を別個の基準で評価することで理不尽の有無が生じ、「差別／区別」のくいちがいが発生することになります。たとえていうなら、立体図形を認識するときの視座、視線の方向でシルエットがことなるのと同形かもしれません。

みぎの図（ウィキペディア「円錐」）は、立体図形をななめうえから、みおろしたイメージで、「扇形」ににたシルエットをなしていますが、円錐の頂点の上方からみおろしたり、頂点をみあげるように下方

5章 補論1 差別周辺のソボクな疑問にこたえて 127

からみれば「円形」にうつるでしょう。まよこから観察すれば、二等辺三角形のシルエットになります。単純な立体図形でも、おおまかに3種の全然異質なシルエットをえられることがわかります。

　乱暴なたとえをするなら、人物Aが当然の区別とかんがえてとった行動が、人物Bにとって理不尽とうけとれることは、うえからしかみおろしたことがない人物にとってみなれた円形と、円錐内部にいる人物が日常的に認識している二等辺三角形や扇形もどきのような実感との、どうしようもないズレににているかもしれないのです。

　しかし、これら「認識のズレ」を生じさせる複数の視座＝現実は、全部ひとしく尊重すべきなのでしょうか？　すでにのべたように、社会的ウイルスの宿主による攻撃性を尊重するいわれなどありません[2]。配慮する必要があるのは、宿主も攻撃的なハラッサーの被害者（ハラッシー）だった時代があってこそ、現在の攻撃性がくりかえされているという点です。かれらハラッサーを「モンスター（怪物化）」とみなして個人攻撃しても、攻撃性を社会から払拭できない現実とむきあわねばならないという点でしょう。

　いずれにせよ、人物Aの「区別」が、人物Bにとっては理不尽な「差別」と感じられるケースがくりかえされ、結果としてウツ状態などがもたらされるなどのケースであれば、人物Aの主観がどうであろうと、その言動はモラルハラスメント（精神的暴力）にあたります。行為者の主観にかかわらず、事実として「差別」現象というほかありません。最近社会問題化している、セクハラ／モラハラ／パワハラ／虐待などは、以前「いたずら」「わるふざけ」「しつけ」などとして、矮小化されたり擁護されてきた事実がおおく、人権意識のたかまりで、正当化しようがなくなったというのが実態だといえるでしょう。

差別のなかで、一番重大なものはなに？
：量的差別として突出した女性差別

A2 この疑問には、残念ながら回答ができません。原理的にできないのです。

なぜなら、「一番重大」というのは、それこそ「なにを差別とみなすか」について【A1】でしめしたように、現実に複数の視座があって、それらを現時点で集約し合意点をみいだすのが不可能だからです[3]。

特に、「質的に重大な差別現象はなにか？」というといは回答できないとおもわれます。めだつかどうかを別とすると、社会的弱者が日々実感している理不尽は無数にあり、それらは個別にひとつひとつ深刻だからです。理不尽にくるしめられている各人・各集団にとっては、直面している現実自体が、すぐさま解消すべき「差別」であり、深刻といえます。「質的に重大な差別現象は無数に実在するだろう」と、とりあえずいっておきましょう。

一方、「量的に重大な差別現象はなにか？」というといには回答できます。それはなんといっても女性差別です。なぜなら、質的な深刻さ、緊急性の大小などをとわないのなら、女性は人類の過半数をしめていて、人類中[4]最大の被差別集団だからです。あとでふれる未成年者や高齢者など年齢集団ごとの属性とくらべても、ほぼ二分される[5]「性別」のうち、依然として劣位にある女性という属性は突出しています[6]。

欧米社会を中心とした、いわゆる「黒人差別」や、ホロコーストの標的となった「ユダヤ人差別」や、身体障害・知的障害などに対する蔑視（障害者差別）など、深刻な差別現象は多数ありますが、これらはすべて10億人水準の規模には達しません。30数億人という巨大集団が全世界に遍在していて、その大半で不利な状況におかれていることが、さまざまな統計からたしかめられるという、地理的・数量的な現実は圧倒的なのです。

　「男性は、自殺率が女性よりあきらかにたかいなど、社会のなかで一貫して冷遇されている」「住宅ローンの債務者となるなど、家庭の大黒柱として当然視されていて、日常的な忍耐レベルはつねにたかい」など、「女性が最大の被差別集団」という結論に違和感がぬぐえない読者はすくなくないとおもいます。ここでは、現代日本が、国連の「人間開発指数（Human Development Index）による国順リスト」で187カ国12位（2011年統計）と「先進国」と位置づけられながら、世界経済フォーラムの発表する「男女格差指数（Gender Gap Index）」の2017年のレポートでは、主要国144国のなかで過去最低の114位に位置づけられるなど、不名誉な結果も直視しないといけない現実だけ指摘しておきましょう。

Q3 差別かどうかは、差別されたと感じた自称被害者の主観できまるの？

A3 この疑問に回答するのは、前項とは別にむずかしいものがあります。しかしここでは、少々乱暴に単純化して回答することにします。

【A1】で「差別」は理不尽さをともなう「不当なあつかい」という一般論を紹介しました。しかし、この「理不尽さ」「不当なあつかい」という実感は、あくまで、社会的弱者にあるがわの心理に限定するものです。

たとえば、アメリカで「黒人は不当に優遇されて、もっと成績のよい白人をおしのけて大学合格をかちとっている。これは白人差別だ」という、いわゆる**逆差別**論がありますが、これは「差別」概念の不当な拡張だとおもわれます。アメリカにおける、「大学入学者における黒人枠」など「アファーマティブ・アクション (affirmative action)」は、未解消の差別・貧困など不利な現状を是正する目的で導入されたものです。「自分は不当にも低得点の黒人におしのけられて大学入学を拒否された」と被差別感情をもって訴訟などにうってでる「白人」たちの認識をそのまま「まにうける」ことはできません。

日本でも「女子大学などは男性差別だ」という逆差別論が一部にありますが、私立中学高校では男子校もすくなくないし、戦前は東北帝国大学を例外として女性は高等教育機関にすすめなかったなど、「オンナばかり優遇されている」論の大半[7]は歴史的にも破綻してい

5章 補論1 差別周辺のソボクな疑問にこたえて

ます。社会的優位にたっているがわの人物が「差別されている」と主張したら、警戒すべきです。

一方、一般的に劣位にある社会的弱者が感じる不遇感の大半は合理的だというのが経験則です。アメリカで少数の例外をのぞいて、ゴルフ・テニス・水泳などで「黒人選手」が活躍しないできたという経緯は、おかねがかかる、入会にコネが必要であるなどの階級的条件がかかわるクラブスポーツだからだといわれています。ほかのスポーツ分野では「黒人にはかなわない」などと自虐的な無力感が「白人」層でかたられたりしてきたのとくらべて不自然ですから、この経済階級論による説明は説得力があります。野球のメジャーリーグに「黒人選手」が参入するまでに何十年もの時代が必要だったこと、いまだに「白人率がたかい」ことなども、「スポーツにも黒人差別がある」という主張の正当性をあとづけるものです。

つまり、一般的に劣位にある社会的弱者は不利なあつかいをうけがちで、才能をのばす機会自体平等に提供されていないので、その不遇感とか差別視されているという心理には妥当性があります。逆に、優位にある社会的強者(アメリカにおける「白人」、世界における「男性」etc.)が主張する「差別」は、事実誤認や錯覚であったり、いいがかりであったりする可能性がたかいということです。

これらは、一般に「相対的剥奪」感の産物とかんがえられています。**「相対的剥奪」**感とは「人が抱く不満は、その人の置かれる境遇の絶対的な劣悪さによるのではなく、主観的な期待水準と現実的な達成水準との格差による、という考え方」[8]にもとづく心理メカニズムで[9]、マジョリティは、とかく「この程度はあたりまえ」とかんがえる期待水準が現実から遊離していることに鈍感で不満をつのらせるわけです。

ただし、後述するように、「現金収入を充分にかせぎだして家族をやしなうのは当然」といった役割イメージにくるしんでいる男性が、世界中にたくさんいる（全域ではない）という一般的傾向は明白ですし、現代日本にみられるように、自殺率や事故死率、平均寿命などで男性がハイリスクグループにあることは事実でしょう。ただ、たとえばF1ドライバーやアスリートであるとか、軍人・消防隊員であるとか、ハイリスクであることを「オトコらしさ」としてほこる傾向、それが女性はもちろん、同性に対する相対的優位の誇示であることも、もうしそえておきましょう。

　また、セクハラ発言や痴漢をふくめ広義の性暴力事件に冤罪があるのは事実でも、「自分はセクハラなどしていない」といった男性がおおいのは、「自称被害者女性」の錯覚・でっちあげが大半ということではありません。大半は、加害男性に自覚がないか、暴力的事実の矮小化や否認・隠蔽をはかっているのです。この「あしをふんだがわ（加害者）はおぼえていない」構図（＝加害性の無自覚や矮小化による忘却）は、植民地支配や戦争犯罪などにおける加害・被害関係の記憶・意味づけにもあてはまる点は、次章（補論2）にゆずります。

ヘイトスピーチと差別表現のちがいとは？

A4 「ヘイトスピーチ」(hatespeeh) は直訳して「**憎悪表現**」などとかかれることもありますが、趣旨としては、標的に対する憎悪をあおるような差別的言動として認識されてきました。

つまり、(1) 差別的な言動（表現行為）と (2)「ヘイトスピーチ」とは、

(1) 標的への蔑視の表出＝攻撃（差別性の自覚の有無に関係なく）と、

(2) 標的への憎悪をかきたてるよう攻撃的表現の追随を意図した言動、

という差異があります。

結果として、差別表現がヘイトスピーチとして機能することはしょっちゅうあります。また、ヘイトスピーチが標的に対する差別表現でないことは、まずありません。

しかし、両者は本質的に別物です。それは、つぎのような決定的断絶があるからです。

(1)' 差別表現には侮蔑の自覚はないことがおおいし、攻撃的表現の追随者を期待しているとはかぎらない。

(2)'「ヘイトスピーチ」は攻撃的表現の連鎖を期待して発信

している（動機は、差別意識の拡散とはかぎらず、単に営
利目的など、標的への個人的憎悪などは不在のばあいさえ
ある）。

　たとえば、そのばにいない女性をかってに動員して侮辱表現に加
担させてしまっている（そして、女性全般を侮辱してもいる）「オ
ンナのくさったようなヤツ」という侮蔑表現があります。男性を侮
辱するために、女性の劣位性を悪用した最低の差別行為ですが、こ
の表現が差別表現だとわからない中高年男性は大量にいるとおもい
ます。男性を侮辱したかった表現者は、女性全体を侮辱したも同然
だという自覚などないでしょうし、この攻撃的表現を全国にはやら
せて女性蔑視を強化しようなどという意図などもたないでしょう。
　一方、「ヒラリー・クリントンとヒラリー陣営の元選対本部長ジョ
ン・ポデスタが、ピザレストランを拠点として児童買春組織と関
わっている」というフェイクニュースでひともうけしたマケドニア
の少年などの例では、「ドナルド・トランプ氏の支持者向けに量産
された偽ニュースの多くは、東ヨーロッパの若者たちの小遣い稼ぎ
だった」とされています。かれらの「ニセ・スクープ」発信の動機
に憎悪や蔑視などがないことは、あきらかでしょう。いずれにせよ、
陰謀論を信じこんだノースカロライナ州の青年エドガー・マディソ
ン・ウェルチが「本当かどうか調査する」と、ワシントンD.C.の
ピザレストランコメット・ピンポンを襲撃、AR-15ライフルを発
砲した事件の契機となった[10]ことでもわかるように、憎悪・蔑視の
ない発信者が憎悪犯罪をひとつ確実にもたらしました。
　重要なことは、東欧のわかものたちがトランプ候補のファンでな
どなかったことはもちろん、ヒラリー・クリントン陣営に反感など

もちあわせていなかった点、いや、そもそも「ピザレストランを拠点として児童買春組織と関わっている」といったメッセージのどこにも明確な侮蔑表現などみあたらない点です。東欧の無責任なわかものたちにとっては、トランプ支持層がクリントン候補の倫理性をうたがっているらしい事実、それゆえ主観的義憤につながる情報なら、真偽はもちろん発信の結果の政治性など全然たしかめる必要なくカネもうけのネタになるという確信だけが重要でした。

そこに「憎悪 (hate)」もなければ、あおろうという政治意図もありません。そもそも差別意識さえないのです。つまり「憎悪の連鎖がひろがればひろがるほどカネもうけにつながる」というメカニズムだけは充分理解し、その文脈を最大限悪用して無責任なかねもうけにはしったわけです。

「ヘイトスピーチ」というカタカナ語が定着していますが、「憎悪」「差別意識」の拡散をねらった言動であることはたしかでも、最初の発信者自身には「憎悪」や「差別」などがないこともしばしばであることは、注意が必要でしょう。また、国旗、十字架や宗教的指導者の肖像など、ナショナリズムや信仰などの象徴を冒涜する行為は、言語表現にかぎらず、焼却・汚辱・風刺画などさまざまなので、「**差別／憎悪煽動（表現）**」などと訳すべきかとおもいます。

また、被害者がわが憎悪の対象とされるような地位になく、圧倒的な多数派から「害虫」「害獣」「疫病」のような忌避感をぶつけられるような事態のばあいは、かりに言語的表現に限定されていたとしても、「**言語的リンチ**」といった訳語の方が適切だとおもいます[11]。「害虫」「害獣」「疫病」などに対する忌避感は、たしかに、"I hate spiders"（クモがきらいだ）といった生理的嫌悪の延長線上にあるかもしれません。しかし、「ヘイトスピーチ」などが社会問題化し

ているばあいに、クモ・ゴキブリ・蛾などに対する過剰反応などと同列にあつかうのはまちがいです。

　たとえばジャーナリストの森達也さんが指摘しているように、ルワンダ内戦で大量虐殺をあおったラジオDJは、標的としてねらいさだめたツチ族を「汚くて病原菌を撒き散らすゴキブリ」(森2009：136)などと侮辱する表現をえらんでおり、あたかも直接殺人の教唆はおこなっていないかのようないいのがれをしたようです。しかし、森さんが糾弾するように、ナチスがチフス菌を媒介するシラミにユダヤ系市民をなぞらえて「駆除」の必要性をドイツ国民にとき、所在・証拠等の密告をそそのかしたのと同質でした。

　こうした差別意識を合理化することは、あたかも抗原抗体反応のような自衛的行動としての「生理的嫌悪」を正当化するものです。そしてそれが、かりに「生理的嫌悪」として共通する感情であるにせよ、ゴキブリ等に殺虫剤を噴射する行為と、ユダヤ系市民をガス室で二酸化炭素による窒息死においやった収容所関係者、また密着したひとびとの心理と完全にかさなるもので、すくなくともかれらの行為を正当化する道理など、ひとかけらもありません。

Q5 レイシズムとは？

A5 「レイシズム」とは、英語の"racism"をカタカナでうつしとったものであり、「人種主義」などと訳されてきました。

しかし、「人種差別撤廃条約」(1969年)などでいう「人種差別」は、「人種、皮膚の色、世系又は民族的もしくは種族的出身に基づくあらゆる区別、排除、制限または優先」(第1条の1)などと規定されていて、たとえば「黒人種」「白人種」といった、いかにもといった「人種」概念におさまらないことがわかります[12]。

実際、『創られた「人種」 部落差別と人種主義』というタイトルの文献があるように(黒川2016)、すくなくとも第二次世界大戦前には、被差別部落の住民は「人種主義」的な視点から異質な存在ではないかとかんがえられてきたとおもわれます。そして、現在、部落差別を人種主義的現象とみなす日本人はほとんどいないでしょうが、「世系又は民族的もしくは種族的出身に基づくあらゆる区別」という定義によるなら、被差別部落問題はレイシズム現象の典型例といえるでしょう[13]。

姜尚中さんや孫正義さんなど著名人の何人もがルーツとしてコリアンであることを自称し、自身が民族名を公表していますが、たとえば「孫田正義(まごた・まさよし)」と自称していたら、日本国籍を取得した異民族だったルーツなどに気づくひとはいないでしょ

う。姜さんや孫さんは、みためで区別などできないのです。

　しかし、前項でとりあげたヘイトスピーチを規制する日本での立法（2016年）の正式名称「本邦外出身者に対する不当な差別的言動の解消に向けた取組の推進に関する法律」は、あきらかに在日コリアンへの攻撃防止を最優先課題としていることがわかるはずです。つまり、在日コリアンは、被差別部落の出身者と同様、みためでは区別などできない集団なのに、「ヘイトスピーチ」の標的であり、それは、まさにレイシズムの被害者ということを意味するわけです。

　以上みてきたように、日本で人種差別というと、あたかも欧米などでおきる黒人差別などがイメージされますが、レイシズムには、アメリカでのイスラム教徒差別や欧米でくりかえされてきたユダヤ系差別など、みためではない宗教上の差別もふくまれるし、「**ゼノフォビア**（xenophobia; 外国人嫌悪／排外主義）」などもふくまれる、かなりひろい概念といえます。

　そして、ひとつ確実にいえることは、レイシズムが、実体をもった差異をもとにした差別などではないという現実です。ウィキペディア日本語版「人種差別」にはつぎのような記述があります。

- 肌の色など恣意的に選び出された特徴を重要な基準として選択し（segregation）、この特徴により人間集団をカテゴライズし（racialization）、否定的／肯定的な評価を付与し、一定の人間集団を排除／包摂（exclusion／inclusion）していくイデオロギー。
- ステレオタイプな他者像（representation of the Other）をともなう。
- 分類の基準となる特徴は、一般に形質的なもの（例　肌の色、髪の型、頭の形）だが、見て直ぐに分からない生まれつきの現象（例：血統）も重要な特徴として選ばれることがある。

要するに、差別・排除するために、理由は「あとづけ」されるのであって、合理的根拠などないのです。女性だから土俵にあがれない、といった奇妙なしきたりと、同質です。
　ちなみに、一般には「レイシズム」とは認識されていませんが、技能実習生などの名目で実際には、日本人労働者を募集しきれなかった職種をやらせて「研修」なのだといいはる現場とそれを追認してきた日本政府の共犯関係が指摘されてきました。時給300円レベルであるなどといった、さまざまな搾取や虐待、性暴力の被害も報道され、それへの外国人労働者による反撃としての殺人事件など陰惨な事件もおきているのですが、これは露骨なレイシズムといえます。
　なぜなら、外国人に対する正当な評価をおこなう意思がなく、日本語によって自衛することができないなど、さまざまなよわさにつけこんだ露骨な搾取にこころがいたまないのは、「おとっている」という意識が経営者や政府関係者に共有されているからです（経済格差があって外国人はよろこんで来日している、という正当化は、みぐるしいかぎりです）。

Q6 欧米や韓国では黒人差別がねづよいといわれるけど、日本では？

A6 「日本には黒人差別はない」などといわれてきましたが、それは幻想です。

たとえば、Jリーグなどでは、数年おきといったペースで「黒人差別」とおもわれる事件が発生してきました。ウィキペディア日本語版の項目にさえなっている「浦和レッズ差別横断幕事件」（2014年）では、「Japanese Only」というメッセージだったため、標的は特定されていませんが、おなじ浦和レッズでは選手自身がブラジル出身選手に侮辱発言をおこなって問題化しました（2017年5月鹿島アントラーズ戦）。当該選手は侮辱行為や意図を否定しつづけましたが[14]、周囲の選手の証言等からみても「常習犯」だったようです。一方2017年には、ラファエル・シルバ（当時浦和レッズ）のインスタグラムに「サルや中指を立てる絵文字や黒い色の足跡、バナナなどといった差別的なコメントが相次いで投稿された」など、同クラブは被害者もだしています[15]。

浦和レッズ以外でも、2014年8月23日「横浜F・マリノスサポーター1名が川崎フロンターレの選手にバナナを振る挑発行為が発生」[16]、横断幕事件では無観客試合の裁定がなされ、特定されたサポーターは入場禁止とされるなど厳罰に処せられたのに、レイシズムに対する感覚は全然修正されていなかったことがうかがわれます。

「ガンバ大阪のパトリック選手に対する差別的な投稿がSNSに

おいてなされた」[17]「鹿島アントラーズ戦後のカイオ選手に向けて、SNSで差別的な投稿を行った人物から連絡があり、このたび面談」[18]、「浦和レッズMFマルティノスが12日にインスタグラムを更新し、自身に対する差別的な発言を「許せない」と綴った。マルティノスに対しては、横浜F・マリノス在籍時代の昨年9月にも、一部の人間による「肌の色」に関する差別的な発言があった。今回も同様にマルティノスの「肌の色」を差別するアカウント名で、誹謗中傷のツイートが投稿されている」[19]など、SNSを介した差別は頻発しているようです。

いずれにせよ、基本的に近年サッカーJリーグで日本人（選手・サポーター）によってひきおこされた差別事件は、在日コリアンないしブラジル人選手にむけられたものであり、体色を標的とした攻撃は、すべて褐色のはだを侮辱するもの、あるいはサルになぞらえるものとかんがえられます。

なお、現代日本における「黒人差別」は、もちろんサッカーにかぎられるものではなく、手塚作品などマンガはもちろん、芥川賞やノーベル文学賞を受賞したような歴史的作家の小説などフィクションの世界、対談やテレビ番組などでも差別表現がたくさんみてとれることがわかっています[20]。

もちろん、日本に定住したタレントや、日本そだちの有名アスリート（陸上・野球・サッカー・バスケットボールetc.）が何人も登場したり、音楽やダンスにおける、いわゆる「ブラック・カルチャー」への尊敬の念などが定着したりと、あたらしい現実はたしかに確認できますが[21]、ブラジル人選手への差別行為などがいつまでたっても発生することは、差別意識の消失まで、まだまだ時間がかかりそうであることの証拠でしょう。

Q7 黒人差別・部落差別以外の日本型レイシズムとして深刻なものはなにか？
：在日コリアンおよび沖縄差別

A7 さきに、深刻度・緊急度など質的な問題をとりあえずおいたとすると、量的に最大の差別はなにと、とわれたら女性差別だとのべました。では、現代日本で絶対おとせないレイシズムを列挙するとすれば、どうなるでしょう。

こたえは黒人差別・部落差別ではなく、なんといっても在日コリアン差別と沖縄差別ということになりそうです。日本は、さまざまな国際機関やNPOから女性差別と並行してさまざまな差別実態を指摘され、是正勧告をうけてきました。そのなかで象徴的なのは、先住民としてのアイヌ民族だとおもわれます[22]。しかし、歴史的経緯や量的（人口上・面積上・政治上など）に優先順位をつけるなら、まちがいなく「在日」と「沖縄」というべきでしょう。世界的な意味でのレイシズム、その典型例として現代日本がかかえている最重要課題としての民族問題は、このふたつが突出した双璧なのです。

詳細はふみこみませんが、

(1) 近世期（1600年前後）には起源をかかえつつ、近代にはいってから1世紀以上深刻な差別として継続し、差別実態は質・量ともにかなり改善されたとはいえ負の遺産が全然清算されていないという歴史性と現代性。

(2) ルーツをもつ集団が日本列島の1％前後と、かなりの比率をしめること。

(3) 朝鮮半島情勢やアメリカによる軍事支配など、第二次大戦後の冷戦構造のゆがみなどもからまって、コロニアリズムや極東情勢の不安定さときりはなせない深刻な民族問題であること(在韓米軍・在沖米軍による軍事植民地状況とそれを自明視した「安全保障」意識)。
(4) 日本人の大半は、以上のような歴史性・現代性に無自覚で、加害者がわに位置するのだという自覚がなく、むしろ「反日勢力にいいがかりをつけられている」といった、客観的にみれば完全に極右的な反発をかかえていること。

などがあげられます。

Q8 ミソジニー／レイシズム以外で深刻な差別問題といえば？

A8 被差別者数・件数等でほかの差別現象を量的に圧倒している女性差別。レイシズムとして突出している「在日差別」「沖縄差別」以外で、みのがせない重要な差別事象（優先順位がたかい現実）といえば、やはり障害者差別および貧困問題といえるでしょう。

前者については、身体障害／精神障害／知的障害／内部障害などが厚生労働省の障害者手帳の給付やサポート制度として確立・整備されてきました。しかしほかにも、アザなど身体の形状・特異な体色であるとか、障害とみなされないけれども社会生活に深刻な障害が発生する事例とか、難病など慢性疾患による闘病が充分にサポートされないとか、高齢による生活困難が事実上放置されているとか、深刻な問題が無数にあります。

重要な点は、たとえば通勤・通学、あるいは都市部の市街地などで日常生活をおくっている平均的市民の視野には、かれらの存在がほとんどはいってこないこと、いいかえれば、みえないので放置されることで、悲惨な現実が進行中であること、現実が露見したらしたで、平均的市民は、露骨に不快感をしめすか、偽善的に関与拒否など無関心をとおそうとする点です。いいかえれば、社会的弱者が無視・放置されつづけるという構造的差別です。

近年は、障害当事者がかかえる心身の状態（impairment）に問題

を還元するのではなく、それらの状況をサポートしきれない社会のもたらす障害（disability）への着目へと、障害学会をはじめとして視点の移動が定着しつつあります。一般には「医療モデル」から「社会モデル」へ、といった理解がなされているのですが、ここではこの二項対立的な区分の問題点についてはふみこまないことにします。

　すくなくとも、弱者・少数者に対する強者・多数者からの憐憫・同情といった差別感情から脱却することが、関係者のなかでは合意として定着しつつあること、メガネによる矯正視力とかエレベーターによる移動など技術革新への着目によって「配慮の平等」とか「ユニバーサルデザイン」が具体的目標となりつつあること、障害者カテゴリーに普通いれられないし、当事者もそう自覚していないけれども、高齢者の大半は、以上のような障害者問題と連続性をかかえていることなどが、確認されるようになりました。

　レイシズムやミソジニーが「対岸の火事」ではなく、自分たち自身の日常感覚の問題であるのと同様、「障害」は、全然ひとごとではないのです。その辺の状況への大衆意識の変化をうけているのが、NHKが2012年からEテレで放送してきたバラエティ番組『バリバラ』で、障害当事者自身がMCをつとめるとか、他局のチャリティー番組を偽善的だとパロディー形式で批判するとか、わらいをともなった啓発番組の登場です。障害者を劣位にある少数者として、散々わらいものにしてきた「健常者」たちの傲慢さが、わらいをもってのりこえられる時代が到来したわけです（塙2018）。

　貧困現象についても、ホームレスや独居老人などの、それなりにみえやすい貧困（それは、一般市民の視野からははずれており、福祉行政や警察関係者ぐらいしか直視していない現実ですが）とは別

に、簡単には浮上してみえない、相対的貧困があります。たとえば母子家庭の過半数が、実質的貧困層であるといった現実です。これは、前者以上に、「みえない」存在として無視されてきた問題で、浮上したばあいでも「生活保護世帯バッシング」のような現実が頻発します。福祉業務にたずさわる公務員自身が露骨な差別実行者だったりするケースさえあるし、

　これら貧困問題は、孤立した小集団という性格ももつため、たとえばDVや児童虐待など、いのちにかかわる深刻なケースがすくなくありません。これら、さまざまな貧困問題についても、一般的市民は、「自分には無関係なこと」と、完全に「ひとごと」意識が濃厚で、だからこそ福祉行政には資金・人材が充分いきわたらず、悪循環がとまらないという意味でも深刻なのです。貧困層など社会的弱者は、サポートしてくれる社会的資本や知恵・時間など、さまざまな資源が不足・欠落しているからこそ悪循環からぬけだせないのですが、親身になってくれる行政担当者や議員などが周囲にいないがゆえに、さまざまな苦境が直撃し、事態が悲惨になるばかりという現実が放置されているという点で、やはり無自覚な構造的差別というほかないでしょう。

　これら以外で日常的には話題化しないものの深刻な差別問題をつけくわえるとすれば、性的少数者、ないしかれらと関連して忌避されることがおおかったHIV感染者かとおもいます。セクシュアリティーにかかわる話題は学校教育やメディアで冷静な話題となることがすくなく、職場や地域でもふせられることがおおく、浮上したときにモラルハラスメントや失職など深刻な事態が浮上するからです。

Q9 それ以外で深刻な差別問題はないのか？

A9 差別と区別の比較という項目で、人物Aにとっては、ごく自然・普通に感じられた区別が、人物Bにとっては理不尽としかみえないことがある現実にふれました。それでも後者の実感がモラルハラスメントを構成しているなら、それは差別にあたります。

レイシズムについての回答でのべたように、差別現象の大半は、差別者のいう「区別」の基準が、イジメ現象でみられるように合理的理由などもたず、境界線も恣意的でありデタラメであること、人格否定におよぶような合理的根拠などはもちろんなく、攻撃が全然非合理的であることが特徴です。つまり、利害をもたない第三者が観察したら、その理不尽が自然にわかるようなものばかりということができます。

厄介で、かつ深刻な差別問題のひとつは、一見合理的な序列がみいだせる優劣のピラミッドのような価値意識が集団に共有されているばあいです。たとえば、「有力者の家系にそだつなどひろい人脈をもっている／もっていない」「収入や融資される資金などが豊富である／そうでない」「運動能力がたかい／たかくない」「容姿が魅力的／そうとはいえない」「英語等外国語がつかいこなせる／そうでない」「学歴や国家資格など能力を証明する経歴がある／ない」「社会的信用のたかい組織に所属している／していない」「みんなが

あこがれる地域にそだちくらしている／そうでない」……もっとたくさんあげることができますが、たくさんの社会的序列があること、それらは、一部のかぎられた層の趣味・志向などではなく、小説やマンガ、ドラマなどのキャラクター設定などの重要な要素となるものばかりであることに気づくはずです。

たとえば職務の適切性（団体球技のメンバーとして登用するかどうか。医療スタッフとして採用するかどうか。etc.）に指標や資格などを適用することを「差別」だというひとはいないでしょう。しかし、うえにあげたような、かなりひろく共有化された社会的序列における「優劣」の差をもって、事実上の人格評価をするとか、就職面接の書類審査で機械的にふりわけるとかしても、それは「当然」かです。

実際、ほぼおなじ企業分布にわかれるよう二分したグループABに、同一人物の履歴書の写真をかたほうだけ、こぶとりにみえるよう画像加工した書類提出をしたところ、テレフォンオペレーターのように容姿など職務に無関係のはずの職種までもふくめて、採用が非常におもわしくなかったという社会学者による実験があります（フランスの例〔ましこ2012：153-4〕）。これなどは、企業の人事採用担当者たちに、「容姿差別」意識が広範に共有されていること、就職活動のためには減量が重要そうだという仮説が充分説得的であることが浮上したといえそうです。面接うけをよくするために、あるいはおみあいのために美容整形をおこなうことが普通になったといわれる韓国社会の状況を冷笑していられるはずがありません[23]。

「容姿が魅力的である＝性格がよさそう」「運動部経験者＝体力がありストレス耐性もたかそう」「銘柄大学卒＝長期間自己制御ができるなど、かちぐせをつかんでいる」といった、もっともらしい第

一印象、つまりわかりやすい「長所」が人事採用や結婚相談などで自明視されてうたがわれない風潮は、安易な設定のドラマ同様の、先入観に対する慎重さをかいた乱暴な選好ですが、なかなか修正されないでしょう。そこでは、わかりやすい「長所」をそなえた少数の「勝ち組」と、もたない大量の「負け組」へと二極化する構図は、日本はもちろん、中韓など東アジアでは深刻な社会問題と化しています。

　これらは受験戦争にかぎらず、競争原理にそった自由で平等なレースが展開しているというよりは、過熱した競争のもと、本来のリクルートからは逸脱した「イスとりゲーム」と化しています。たとえば、政治家やタレントなどで頻発する学歴詐称であるとか、研究者集団の競争で発生しつづけてきたデータ捏造や盗用、アスリートにおけるドーピングなどさまざまな不正行為などとつながっているわけです。

　こういった現実は、まえにあげたような差別現象とくらべたとき、深刻な被差別集団がいるといった問題ではありません。ただ、量的に最大の差別問題として女性差別をあげたときと同様、深刻さ・緊急度などを度外視するなら、到底軽視してよい領域ではありません。たとえば、結婚相談サービスにおいて異性愛者である男女が自明視されていることはともかくとして（これも、冷静にかんがえると差別意識がらみですが）、女性には登録時に入会金が発生しないことがあるとか、男性には職種・年収・学歴がプロフィールの必須項目になっているなど、男性の経済力は自明の選択要素なのに、女性はそうではないなど、女性差別とせなかあわせの男性差別が浮上しているのです。

　「婚活パーティー」「合コン」などで医師・歯科医師の男性のまわ

りに女性が殺到した、といった話題がよく浮上することなどもふくめて、「男性的魅力」と「女性的魅力」というのは、はっきり二極化しているようです。また、同時にそれらは、わかりやすい「長所」同士の交換市場なのかと、いくら、「結婚生活」の基盤に「家計」があるとはいえ、少々げんなりさせられもします[24]。そこでは、性格とか相性とか人間関係継続の基本となる点は後景にしりぞき、兵器のスペックのように数値化された要素の優劣がたたかわされる空間だからです。

これら経済学・社会学でいう「労働市場」「結婚市場」といった、かなりなまぐさい領域には、ジェンダーや年齢など、さまざまな属性がからんできますが、進学問題など育児・教育領域は「家庭」という単位に集中する問題でもあります。「お受験」「中学受験」「大学受験」「就活」「婚活」「保育所・幼稚園問題」など、おもに「ママ関連」の話題群は、消費行動や関心の分布という意味で、マーケティング上の課題であるだけでなく、ひとびとの日常生活・人生がジェンダーを軸にかなり規定されていることの端的なあらわれといえます。

Q10 差別しないために必要なことはなにか？
：健全な悲観主義にもとづくモニタリングによる加害リスクの最小化

A10 逆説的ないいかたですが、「差別意識から完全に解放されることは、まずありえない」という謙虚な姿勢（**健全な悲観主義**）に終始することです。いろいろな事象に対して、自分のなかに無自覚な侮蔑・嫌悪感などがのこることは、まずさけられないのが普遍的現実です。これに一生むきあおうという自省的な感覚、これを不断に維持しようという努力がつづけられるなら、差別は最小限におさえられるでしょう（**モニタリングによる加害リスクの最小化**）。

だからこそ、「自分の周囲からの差別の一掃といった理想状態はこない」と、わきまえましょう。「これで自分は差別しない人格になれた」といった気分は、まず事実に反証されつづけるとおもわれます。「差別しない人格」自体、おごり意識にすぎません。単に被差別者から直接いわれないでいる。あるいは「被差別集団が、差別なのだと言語化できるまでに整理できずにいるので、問題化していないだけ」とかんがえるべきです。これは、「それぐらい慎重になっておいた方が無難だ」といった慎重論ではありません。

すでに紹介した**円錐形モデル**（【Q1】の回答）でイメージをしめすことがある程度はできるでしょう。端的にいえば、ほとんどの人間は、物理的条件とか歴史的経緯から、円錐のような立体を全方位から観察できないものなのです。シルエットだけにしぼってもそう

です。まして、物体の表面でなにが発生しているのか、内部の構造はどうなっているのか。チョコレートがかかったバニラアイスでもイメージしてみてください。そういった冷凍菓子の存在を未経験の人物が、それを数メートルはなれて観察するようなばあい、それはどのようにうつり、どのような物体として認識されるでしょう。

　まして、なまみの人間は、過去の経験の蓄積や刻々かわる認識など、円錐形のバニラアイスなどより何千倍・何万倍も複雑なはずです。そして、そういった人間同士の小集団や、小集団同士が錯綜する世間・社会が、円錐など立体図形のシルエットを数方向から確認するようなかたちで「観察」したとして、まともに全体像・本質をみぬけるかということです。バニラアイスのような食物なら、実際にたべて食感などを体験すれば、ほぼ了解可能ですが、人間やその集合体により成立する文化や社会の全体像が数分の「体験」で可能でしょうか？[25] ありえないことは、すぐにわかるはずです。

　前項でのべたような、「わかりやすい長所／短所」などへの着目は簡単かもしれませんが、それで人物評価が充分できるほど単純でないことは明白でした。たとえば、全盲者をプロボクシング選手として登録するかとか、レーシングドライバーとして採用するかといった書類審査なら、それは合理的でしょう。しかし、そういった、わかりやすい採否ではない人物評価・集団認識は、本質的に複雑であり、慎重に時間をかけたものでなければなりません。たとえば、大学教員の公募人事なら、1名採用の発表に対してしめきりまでに数十名の応募があり、数名の面接対象者にしぼるまでに最低数箇月かけます[26]。企業も、30代以上の即戦力（管理職・専門職など）として、中途採用するばあい、同様に慎重な過程をふむはずです。

　もうひとつ注意すべきことは、「常識」にはつねに限界がある点

です。「常識」は歴史的に継承されてきた経緯などもふくめて多数派の共有するイメージですし、大半の現実がそれによる判断で問題を発生させない以上、とりあえず「近似的な真理」といってよいのです。

　しかし、「いま・ここ」で不動の大地にたっていると信じているわれわれは、大地震などにあわなくても、地球の自転・公転によって超高速で「運動」しつづけています。慣性の法則によって、地球の自転・公転速度にほぼ変化がないために、超高速運動に気づかないだけなのです。おなじように、「いま・ここ・大多数」で共有されている「常識」は、「いつか」「どこか」「少数者」にあっては、全然「真理」でないのが普通です。多数派日本人にとっての「はだいろ」は、サハラ砂漠以南の「ブラックアフリカ」では通用しませんし、日本列島をはなれれば日本語が通用する空間はごく例外的です。日本列島上であたりまえに成育歴をつんだ多数派にとっての「常識」は、世界の非常識の可能性大なわけです。

　もちろん「欧米では〜」「国際社会では〜」といった論法のおおくは、自説を正当化するためにもちだされる一種の「出羽守(でわのかみ)」である確率がたかいので、警戒が必要ですが、「不動の大地」という自明視が完全な錯覚であるケースが存外おおいかもしれないという思慮ぶかさは、大切です（社会学周辺の知に接する意義）。「●●は△△だ」という「常識」は、時空をかえたり、視点をかえただけで（うえにあげた「円錐」etc.）、全然異質な像をみせるかもしれないのです。「オンナに教育は不要だ」「オンナに運転免許など不要」といった反動的男女観（イスラム圏の保守的地域では「常識」）が、日本国憲法公布以前の日本列島でごく普通の「常識」だったことひとつでも、それはわかるでしょう。

相撲関係者のあいだでは、いまだに「土俵は神聖（戦闘空間）だから女人禁制」といった、おどろくべき「常識」があります。これらが科学的合理性などからかけはなれた、ちいさな文化集団でだけ共有されている共同幻想であることは、いうまでもありません。普遍的に通用する合理的システムがはいりこんだら一挙に破砕される「ガラパゴス文化」かもしれないのです。

　また、大半の現実がそれによる判断で問題を発生させないような「常識」イメージは、実は多数派の錯覚なだけかもしれません。「セクハラ」「パワハラ」「虐待」などが、現代の常識として指弾されるようになったことでわかるように、「多数派」だった中高年男性とか、親たちの「ただしい」「普通」という感覚は、現実と乖離していました。女性やコドモなどから、ずっと違和感・理不尽さなどをいだかれていたのに、「オヤジ」たちのモニタリング機能の欠落で無視されてきただけかもしれないのです。

　「科学革命」が成就するまでは「観測誤差」として黙殺されていた事実がかくれてきたのとおなじように、オンナ／コドモ／障害者／外国人等少数者たちは、ずっと違和感や不満をかかえていたのに、あたかもそんな問題など微塵もないようなあつかいをうけていただけなのです。「ブラック企業」や「体育会的体質」は、それが常態だったことが、無数の事件やスキャンダルで暴露されました。

　「5％水準」でモデルが説明できない事象が発生しているのに、「例外」あつかいされるばあいもあるでしょう。それこそ「観測誤差」的に過小評価され忘却されてしまうとか、「気のせいだ」とされてしまうとか、ともかく現実の矮小化がつづけられ、モデルの修正がずっとされない構造です。

　「天才は凡人の発想を完全にこえている」とよくいわれますが、

特異な能力など、偏差値で100をこえるような次元で「最頻値」「中央値」からかけはなれた存在にとっては、「常識」のバカバカしさこそ自明でしょう。そして、その自明なバカバカしさを、凡人に理解可能な水準にまでかみくだく能力は、また別途必要なわけです。異次元の天才が理解されないというのは、ただの「非常識」とうけとめられるからであって、当然の理なのです。

　以上、「常識」イメージは、「**差別しないために必要な問題群**」の集積地といえます。

　さらにつけくわえるとすれば、「境界線」領域はグレーゾーンとして、きっちり切断できない連続体が現実なのに、あたかも、すっきり二分できるかのような幻想が支配的なケースでしょう。すでにあげた「常識」イメージと、せなかあわせですが、多数派が共有し依存する「常識」が支配する空間では、「境界線」も実体視されがちです。

　ナチスドイツでの「ユダヤ人／アーリア人」が、単純に識別できなかったという皮肉な現実があるように、「境界線」は実体ではないし、すくなくとも可視的でないことが大半です。いかにもユダヤ教徒然とした保守派以外が、周囲のクリスチャンに同化した日常をおくるようになり、識別することなどできなくなった現実が、逆にヒステリックなユダヤ人摘発運動となったわけです。

　「反日朝鮮人が策動している」といったデマをとばしては、ヘイトスピーチをくりかえしてきた右派系市民の集団ヒステリーも、「ヤマト系住民」とそれ以外を明確に識別できるという神話にもとづいていますが、「日本人／朝鮮人」が可視的カテゴリーでないことは、よくしられた事実です。

　性的少数者や各種の障害者にしてもそうでしょう。きっちり切断

できない連続体である現実を直視できず、差異を「実体」視する幻想的思考を「**本質主義**」とよぶわけですが、レイシズムや種々の差別の本質は、「本質主義」的思考の産物であり、モラルハラスメントというべきなのです。社会的ウイルスの本質の中核部分とさえいえそうです。

注

1 ほかに、「差別」（しゃべつ＝万物は高下・善悪など特殊相をかかえていること）＝「平等院」（京都府宇治市）の命名由来にあるような、仏教的真理からみたとき万物の本体が同一であるという見解（一如平等）の対語。「無差別爆撃」など、いっさい差をつけないあつかい、という語義がある。

2 虐待などをいきぬいた壮絶な体験をマンガ化した『毒親サバイバル』に出版社がつけたおびコピーは「許さなくていいよ。」である（菊池 2018）。

3 もちろん、差別禁止法制などの立法措置のばあい、「なにを差別とみなすか」は明確に規定しないといけないが、ここではふみこまない。

4 実は「被差別主体は人間だけなのか？」という深刻なといがある。植物には一応「苦痛」にあたる現象が存在しないとされているが、すくなくとも動物のおおくには「苦痛」と解釈される現実が観察される。「動物福祉」とか「動物の権利」といった権利概念が哲学者やエコロジストなどによって提起されてひさしい。しかし本書では、とりあえず現存のホモ・サピエンス（現生人類）に限定して議論をすすめていく。

5 もちろんLGBTなどと略記される諸集団など性的少数者は、単純に生物学的な男女へと二分できるものではないことはあきらかだが、ここでは議論が複雑になりすぎるので、ふみこまない。

6 「男尊系ウイルス」によるミソジニーは強烈で、被差別集団＝少数者内でさえ頻発してきた。たとえば脳性マヒ関係者のラディカルな団体として社会に衝撃をあたえつづけた「青い芝」に対して、つぎのような痛烈な批判がある。

　「青い芝」で女性差別を感じたのは、『さようならCP』という映画を見たときでした。〔……〕権力の縮図っていうか、自らを強調するあまりに、一人の女性の人権をあんなに無視しちゃって。私震えちゃった。〔……〕男たちは必死だったんだと思う。『さようならCP』というドキュメンタリー映画は、結果として「青い芝」の運動を全国組織に広げ、社会にもその存在を位置付けたと思います。でも、あの映画は女性差別以外の何ものでもないと思っています。（内田 2001）

　ちなみに、「青い芝」と団体を象徴する人物を軸に思想史的解析をこころみた荒井裕樹『差別されてる自覚はあるか――横田弘と青い芝の会「行動綱領」』には、脳性マヒ関係者の壮絶な運動がえがかれている（荒井 2016）。そういった先鋭な運動にあってもなお無自覚なミソジニーがかかえこまれていた現実は深刻だ。それは『第二の性』などでフェミニズムの旗手だったボーヴォワールの終生の伴侶が、みがってそのもののサルトルだったという皮肉とは、比較にならないのではないか。

7 男性が不利にあつかわれる「逆差別」が皆無なわけではない。交通事故死をふくめた労働災害やさまざまなストレスによる自死の発生確率、平均寿命などをみれば、男性が生存上不利な現実は普遍的とさえいえるからだ。

リーマンショック以降に急増した自殺も、その大半は中高年男性によってしめられたように。また「レディースデイ」「女性会セット」といった特典がしばしば設定されることはあっても、「メンズデイ」などはほぼないし「男子会セット」などきいたことがない。「女性専用車両」などが性暴力対策としてくまれても、男性が被害者となることは想定されていないとか、DV・セクハラなどでも被害者は女性がイメージされているなどである。育児休暇の取得困難性の男女比はいうまでもない。ただ、女性の大半がこうむっている性差別（セクハラ・賃金格差・労働市場 etc.）と、「どっちもどっち」といえた義理かである。

8 　HatenaKeyword「相対的剥奪」

9 　「相対的剥奪」モデルの学史的まとめについては、浜田宏「相対的剥奪のモデル　花京院と青葉の文体練習1」（浜田 2016）参照。

10 　Hayley Miller「「トランプ支持者向けの偽ニュースで700万円稼いだ」マケドニアの若者が証言」（『The Huffington Post』2016年12月12日, https://www.huffingtonpost.jp/2016/12/12/fake-news_n_13577368.html）

11 　ましこ・ひでのり「「ヘイトスピーチ＝暴力をあおる差別的言動」という概念の再検討―沖縄での「土人／シナ人」「日本語分かりますか」発言の含意から―」，第73回多言語社会研究会（東京例会），2017年10月21日（http://tagengo-syakai.sakura.ne.jp/xoops/html/modules/news/article.php?storyid=263）

12 　これは、前身である「人種差別撤廃宣言」が、ネオナチの行動に対しての反応としてうまれたからとみられる。ナチスが主張しヒトラーらが信じていたような意味で「ユダヤ人」は「人種」ではないからだ（いわゆる「ユダヤ人」とよばれる集団は、体色の濃淡などさまざまだし、基本的には母系と改宗などもふくめた信仰の有無で分類される）。

13 　実際には、食肉センターなど家畜利用にかかわる生業に対する蔑視が、近世以前にさかのぼれるケガレ意識（仏教にながれこんだヒンズー教等のベジタリアニズムなどタブー意識）をひきずっていることはたしかである。一方、部落差別が血統主義と生地主義とが癒着してきた現実と身体的特徴による不可視性をかんがえあわせるなら、レイシズムの一種とはいえ、ブラックアフリカ系などの血統上のルーツとも異質であり、ユダヤ系住民に対する忌避感、あるいはヒンズー教におけるカースト制度などとの対照が有効といえよう。ナチズムにおいて同化ユダヤ人を密告させた状況や抹殺計画を正当化した論理(それを黙認したローマカトリック等の共犯関係)と、在日コリアンに対し「パッシング（にげかくれ）ゆるすまじ」といったネット右翼らの暴露意識などは、被差別者が不可視であるがゆえに、はげしい好奇・不安等と攻撃性をともなっている点で共通性がたかい。それは、後述する、アンチ思想的多様性ウイルスの宿主が、左派系市民や新宗教信徒に対して暴露・言語的リンチを当然視するのと同様、不安と攻撃性がせな

かあわせである点と心理メカニズム上ちかいことを感じさせる。

14 「浦和レッズ DF 森脇良太の暴言騒動について」(『サイバーな雑記帳』2017/05/06) では、浦和レッズのチームメイトのブラジル人選手までおこっている映像なども紹介されており、侮辱行為がなかったといいはるのはムリがある (実際、2 試合出場停止処分がくだされた)。

15 「また差別発言…浦和 MF マルティノスが SNS で怒り。クラブは「容認できない」と声明」(『Goal』2018/04/13)

16 横浜マリノス「J リーグの裁定内容及び再発防止策等に関して」
(http://www.f-marinos.com/news/detail/2014-08-29/180000/172124)

17 浦和レッドダイヤモンズ『クラブインフォメーション』2015.11.28
(http://www.urawa-reds.co.jp/clubinfo/sns における差別的な投稿について /)

18 浦和レッドダイヤモンズ『クラブインフォメーション』2016.06.16
(http://www.urawa-reds.co.jp/clubinfo/sns における差別的な投稿について第 3 報 /)

19 前掲注 15 (『Goal』2018/04/13)

20 たとえば、ジョン・G. ラッセル『日本人の黒人観—問題は「ちびくろサンボ」だけではない』(1991 年)。この文化人類学者＝日本に定住したアフリカ系アメリカ人による日本社会論はバブル経済がおわっていない時期に刊行されたので、社会全体が一種の「躁」状態にあったことはたしかだが、当時の黒人差別意識が払拭されたとはいえない。
　なお、黒人差別をふくめたレイシズムが頻発するスポーツ空間はサッカーだけでなく、観客動員数などで突出している野球などでもあげる必要がある。黒人差別や在日コリアン差別などは、過去に相当強烈だったことがしられている。J リーグなどで頻発してみえるのは、レイシズムに対する矮小化・無視ができない社会情勢がうまれたからとかんがえられる。セクシズムや虐待・DV、少年犯罪など認知件数が増加している主要因が、実数の激増などではなく、意識水準の上昇による「暗数」の浮上であるのと同形だ。

21 たとえば、カメルーンうまれで 4 歳のとき母親の再婚を機に来日して成人した人物の作品、星野ルネ『まんがアフリカ少年が日本で育った結果』は、いわゆる「黒人差別」を糾弾する姿勢をみせない。しかしそこには、自覚の有無はともかく現代日本人がかかえる「黒人差別」がさりげなくかきこまれている。ちなみに本書は、文化人類学的な知見が入念におりこまれた、学習マンガ＝啓発パンフとさえいえる。

22 めだたないようにみえて量的におおきな、そして潜在するレイシズムとしては、すでにのべた部落差別も無視できないが、ここではふみこまない。

23 実は、顔面などの容姿については、障害者支援などの対象にならないけれども、現実には就職などが困難であるとか、結婚市場に事実上参入できないような苦境にあるひとびとが実在する (単純性血管腫・脱毛症・口唇口蓋裂・斜視・ケロイド・アルビノ etc.)。NPO 法人「ユニークフェイス」な

どが問題提起し、NPO「マイフェイス・マイスタイル」などが継承した「見た目問題」(ウィキペディア)である。いわゆる美容外科とはことなり、第一次世界大戦での戦傷による顔面損傷のリハビリを契機として創始された形成外科学などでカバーしきれない現実が無数にあり、実は、非常に深刻な状況が実在する。

24 勝間和代『恋愛経済学』では、結婚市場という異性愛者同士のアリーナにおいて、男性がもつ希少資源は経済力と余暇時間、女性がもつ希少資源は生涯生産総数に限界がある卵子とそれをベースにしたセックスと位置づける(勝間2011)。異性愛者同士の巨視的なペアリングゲームとしては、そのとおりだろう。

25 数箇月〜数年にわたる調査をへても外部からの観察者が誤解しつづけることも、おきて当然だし、男尊ウイルスやレイシズム、階級差別ウイルスなどに感染した当事者たちが所属社会の関係者・各集団に対してもった錯覚を全然修正できないまま一生をおえることは、むしろ常態とかんがえられる。

26 全部選考委員が履歴・研究業績のチェックをし、「研究の抱負」や「教育の抱負」を検討し、さらに学位論文や学術書の内容の吟味をくわえて、面接当日には、模擬授業15分程度(学生役を臨時でつとめる面接者による質疑あり)をふくめ、候補者ひとりあたり90分前後の時間をさいて、教授会に提出する第一候補者・第二候補者を選出したりするが、大学の各学部は、数名の退職者を補充し、あるいは新規科目などの担当者を採用するために、例年、同様の作業を複数くりかえしているはずだ。同僚として、最低でも数年間、ときに数十年連携するスタッフ＝戦友をえらびだすのだから、真剣に時間と精力をさくことになる。単純に業績点数がおおくてよいとか、ルックスがいいから学生に人気がでそうだとか、そういった単純なセールスポイントでえらぶのではなく、研究能力ののびしろや展開力のみとおし、研究分野と担当科目との相性、事務能力や同僚との人間関係調整能力のみとおしなど、総合的評価をくだすのである。

6章
補論2　無自覚なハラスメントのコピーとしての日本近代史

本章のねらい

歴史教育は因果関係を理解しないといけないという理念にとらわれるあまり、古代史から順々に通史を展開するという、「上流から下流へ」式の歴史叙述と授業という形式が遵守されてきた。その結果、歴史教員の大半は時間配分をあやまり、もっとも現代社会に密接な関係をもつ近現代史を質・量両面でもっとも軽視するという愚行をくりかえしているのが現状である。

一方、すくなくとも現代日本人のおおくは、中韓両国などから「反日」感情を意識させられて、とても友好的な関係など維持できないと反発をみせている。他方、東アジア各地では日本の政治家等の歴史認識が問題ないととらえている市民は少数派といってよさそうである。グローバル化のもと、人材・商品の流入・流出の質／量での急伸はもちろん、漸増・急増する観光客などへの経済依存をみても、双方での反感の持続は不幸であるだけでなく、異様にもみえる。日本人のおおくは、これらチグハグな現状に関して、隣国の「反日教育」や増長による「膨張主義」がわるいととらえているようだが、はたしてそうであろうか。

本章では、冷戦体制をふくめて対米従属が濃厚だった戦後史を戦前・戦中史とトータルに再検討することで、欧米のコロニアリズムのコピーがもたらしたハラスメント体質についてかんがえていく。

6-1. 日本近代史イメージ再考

　典型的史観からすれば、日本近代とは「欧米列強による植民地化圧力をかわして経済大国にのぼりつめた非欧米社会の旗手」といったイメージでしょう[1]。

　しかし、これが20世紀後半以降にかぎってしまえば、「大戦後の冷戦下、東アジアで唯一の経済大国になったものの、冷戦崩壊後短期間にコピーに成功した東アジア・東南アジアに一部おいつき、おいこされ、人口ボーナスをつかいきって構造不況にくるしんでいる状況」などと、一挙に暗転します。

　しかし、これらの日本近現代史には、おおきな欠落領域があります。それは、「欧米列強による植民地化圧力をコピーして帝国化し、歴代中華帝国の覇権をうばったものの、太平洋での制海権をあらそった米国に大敗して属国化した戦後」という、帝国主義の暗部です。

　このネガティブな近現代史像は、表現をかえると、「戦前は膨張主義にそった戦争につぐ戦争の年月、戦後は米国の覇権の下位単位として冷戦構造の後方基地を積極的にになった」となります。これは「平和国家建設」とか「憲法9条による平和主義の戦後」といったイメージともはげしい摩擦をひきおこすものです。

　たとえば、「みずから戦地におもむく侵略等帝国主義的進出などはいっさいなく戦死者もださなかったものの、米国の国際戦略にほぼ無抵抗で、世界にも例をみない軍事基地の提供と、米軍の軍事展開のための物資供給と後方支援部隊の用意に終始した」という、学校でおしえられメディアでくりかえされる歴史像とは正反対の戦後史もかけるのです。

6-2. 植民地主義の観点から冷戦期をふりかえる。

　米朝首脳会談（2018.6.12）や南北首脳会談で、「朝鮮戦争」は、「終戦」をむかえておらず、北緯38度線とは「休戦ライン」でしかなかったと、はじめて認識したひともすくなくなかったでしょう。韓国軍を援護しにいき、結局は中国からの「義勇軍」と直接対峙することとなった「国連軍≒米軍」の後方支援基地をになったのは、まさに日本列島でした（「朝鮮特需」）。ベトナム戦争で米軍の後方支援基地をになったのも日本列島、そして沖縄でした。

　アメリカは、50年代（朝鮮戦争）、60-70年代（ベトナム戦争）、80年代（中南米・アフガニスタンなどへの軍事介入）、90年代（湾岸戦争）、00年代（イラク戦争）……など、大戦後ずっと、冷戦終結後でさえも、ひっきりなしに戦争か軍事介入をくりかえしてきました。そのおおくにアメリカ太平洋軍が関与しており、日本各地、とりわけ沖縄はその支援基地ないし訓練基地として提供されてきたのです。

　日本の保守層はもちろん、世界の親米勢力のばあい、アメリカ軍が世界の軍事費の過半をしめるとか、突出した核兵器保有をも、「パックス・アメリカーナ」として歓迎すべき覇権と位置づけてきました。同時に、「中ロほか、野蛮な勢力や、その支援をうけた「ならずもの国家」などが割拠していて、世界中は不安定化しているからこそ、日本はアメリカとの同盟関係はやめられないし、当然軍事基地提供もその義務である」「日本は、アメリカへの軍事的協力を後方から支援することで、世界平和に貢献している。近年の国連軍への参与＝各地の復興支援なども、その延長線上にある」……といった「理解」が共有されていることでしょう。

みな、基本的には日本の歴代政権がかかえてきたホンネないし公式見解です。しかし、そもそも、それらは全部妥当なのでしょうか。

筆者のばあい、それらのほとんどは、おおはばに修正しないかぎり現実から乖離したままの見解だとかんがえています。さらには、これら見解に異論をとなえてきた中ロ朝など各国政府が内外にかかえる深刻な問題はみとめねばならないとかんがえると同時に、それら政府の対米批判の相当部分は、それなりにもっともなことがすくなくないと認識しています。

1960年代後半の学生運動や新左翼運動、ベトナム反戦運動などを、ひとくくりに「過激派」による反米・反政府運動であったと断罪する歴史的回顧番組などが近年めだちます。しかし、同時代にアメリカでもはげしい反戦運動があった経緯さえ無視するような知的蛮行をおかしてしまうため、かれらは単に当時の日米政府のかたをもったかたよったみかただという自覚がもてないとかんがえます。

6-3. 右派ナショナリストたちにとっての戦後日本

右派層はもちろん保守層も、「とんでもない」と、筆者を「反日分子」に分類するでしょう。それ自体は別にかまわないのですが、たとえば、中ロ朝など各国政府がとなえてきた「極東地域を不安定化させてきたのは、在沖米軍などを配備してきたアメリカ政府だ」という見解には、相当な合理的根拠があるとかんがえます。それをうらづける具体的根拠をくわしくのべることはやめておきますが[2]、筆者を「反日分子」あつかいする論者たちは、それら具体的根拠を100％つぶせるのでしょうか。到底そうはかんがえられません。

では、なぜ、「野蛮な勢力や「ならずもの国家」などが割拠して

いて、世界中は不安定化しているから、日米同盟はやめられないし、軍事基地提供も当然の義務である」といった見解がひろく共有され、日本の戦後政治の基調をつくってきたのでしょうか。

筆者は、アメリカ政府による世界戦略の一部は極東地域の住民を洗脳によってコントロールすることだったとみています。たとえば、日本・韓国・台湾など極東＝北部西太平洋で、戦後基本的に親米政権しか成立しなかったのは、そうとしかかんがえられない政治エリートが留学等で育成されつづけたし、軍事技術の供与など、一種の「アメリカ依存」を一貫して維持する政策が存在したとにらんでいます。

それは陰謀論的な見解である「ジャパン・ハンドラー」が暗躍したといった見解ではありません。冷戦構造を利用して、「共産主義政権と対峙するためには、アメリカ依存は、さけられない」と政治エリートに確信させつづけること。「アメリカを留学さき・輸出さきとかんがえておけば、まちがいない」と、財界・学界の主流派に確信させつづけること。「ハリウッド映画やディズニー文化、野球・音楽をはじめとしたアメリカ文化はたのしい」と大衆におもわせること。こういった《留学・貿易等をとおした世界戦略（＝ソフトパワー）のもとに極東地域を親米圏として確保することは、中国・ロシアの封じこめ戦略に不可欠だ》といった合意は、「アメリカ・ファースト」などと露骨にいわれないでも、戦後一貫して継承されてきたアメリカ政治であったといって過言でないでしょう。

そして、すくなくとも自民党など保守／親米右派系歴代政権[3]（ここには、もちろん国会議員だけでなく、かれらの黒子として暗躍してきた外務省・防衛省などの親米派官僚がふくまれます）のばあいは、「アメリカ・ファースト・ファースト」路線が基本的に維持さ

れてきたがゆえに、アメリカ政府は安心して極東に米軍基地を多数確保しつづけられたのです[4]。

　日本列島とは、アメリカ政府にとっては、ユーラシア大陸政策にとっての不可欠の拠点、いわゆる「不動の不沈空母」だったのです[5]。航空管制などもふくめて、基本的にいつも「アメリカ・ファースト」で日本列島上が運営されてきたことを、日本政府はひたかくしにしてきましたが、日本列島全域が、沖縄島周辺がおかれている植民地構造を潜在的にかかえているのです（ましこ2017）。

　もちろん、憲法改正どころか、自主憲法制定を当初党是としてうたっていた自民党の本質は、タカ派議員やその背後にある「日本会議」など民間右翼団体がずっと継承しています。そういった右派勢力にとっては、アメリカにくびねっこをつかまれた国際政治・国際経済自体が「拘束服」のような制約にうつっているでしょう[6]。それらは「東京裁判史観」だの「ポツダム体制」といった怨念のこもった歴史総括に露呈しています（ただし、これを強調すると穏健保守層〔≒自民党支持者の中核部分〕から「ひかれる」ので、右派しかあつまらない集会などでないかぎり、前面にだすことはありませんが）。

　かれらからすれば、慰安婦問題をはじめとした歴史認識はすべて「反日分子」の策動の産物にみえるし、その象徴こそ、日本国憲法と、「大戦の戦禍」をくりかえし強調する天皇の発言としてうつり、なげかわしいでしょう[7]。憲法と戦争責任に拘泥する皇室は、対米従属の象徴であり、中韓朝などの反日包囲網を容認するなげかわしい実態なのです。

　よく、皇室関連のさまざまなタブー意識や風潮を「菊のタブー」などと俗称してきましたが、21世紀右派勢力における「菊のタ

ブー」とは、親米保守として平和主義を奉ずる護憲・反戦主義の象徴としての天皇であり、温和な大アジア主義者・国際派として東アジア・東南アジア諸国との友好関係はもちろん、欧米とも友好親善を是とする皇室・宮内庁の体質なのだとおもいます。

　植民地支配や戦争責任をとりあえず直視し謝罪したうえでなければ善隣友好はなりたたないとする現実主義的な保守の象徴として、対米追従の実態からはめをそらしつつも、在沖米軍の集中など、暴力的差別に対しても当然視せず、長期的には不平等が解消されるべきだとかんがえているだろう現天皇（構造的ハラスメント体質からの脱却志向）。その意向を次期天皇となる予定の皇太子も継承していくとおもわれます。安倍首相ら自民党タカ派勢力とその背後にある日本会議などの勢力は、神社神道の頂点にあるはずの天皇一族のすごした戦後史の本質に、ときがたい矛盾を感じずにはいられないのです。

6-4. 戦前日本のふりかえり：ハラスメント史観からみた帝国日本

　安冨歩さんが「植民地支配というハラスメント」という文章でとりあげているのは、日韓関係・日中関係にかげをさす「激しい憎悪」「恐怖心」「嫌悪感」など「反日」感情をめぐる問題構造です。戦後に日韓関係・日中関係のギクシャクぶりは「軍国主義や植民地支配といった」歴史的経緯に起因し、戦前の帝国日本と中韓関係にのこる負の遺産の関係も、安冨さんは「公的な権力によって社会全体がまるごと公式にハラスメントに掛けられるケースとみなすことができる」としています（安冨ほか2007：64）。

「沢山の魂が植民地独特のやり方で傷つけられて」いき、「この傷が、現代の我々に対して叫び声をあげている」現実の一種が「反日」感情だというのです（同：65）。しかも「この傷は、放置しておいて解消するものではない。なぜなら、植民地支配を受けた世代が死に絶えたとしても、その傷ついた魂を持つ人々によって育てられた魂には、同じ傷が刻印されていくからだ」（同：66）とします。

このモデルからすれば、日本人のおおくが、たとえば「慰安婦問題」や「歴史認識問題」で、中韓はもちろん北朝鮮などから批判をあびつづけることに反発するさまは、各国政府の「反日教育」などの産物ではないことが示唆されます。反韓意識・反中意識などをあおる論者はもちろん、その賛同層も、各国政府の「反日教育」が、歴史的事実をネジまげるなど日本を不当におとしめようとする策動としてくりかえされ、各国の反日感情を醸成してきたと信じていることがたしかめられます。端的にいえば、「政府が公然とウソをつき、学校をとおして国民を洗脳している」といいたいわけです。

しかし、安冨さんらによれば、中韓などでやまない「反日」意識は、「傷ついた魂」がなくならない現実の反映でしかありません。したがって、「慰安婦問題」や「歴史認識問題」で中韓等から批判をあびつづけ、そこに「激しい憎悪」を感じとり、「恐怖心」「嫌悪感」をおぼえるとしたら、それは、帝国日本が東アジア各地などでくりかえした精神的・物理的暴力がのこした「傷ついた魂」という負の遺産ということになります。「公的な権力によって社会全体がまるごと公式にハラスメントに掛けられるケース」の復讐をうけていると。帝国臣民が官民あわせてくりかえした、過去のハラスメントが無数の「傷ついた魂」をうみだし、それらが「悪魔」としてあばれつづけている。やむことのない復讐心としてです。

安冨さんたちのハラスメント論は「ハラスメントは連鎖する」との主題をもち、ハラッサーがハラッシーを支配・虐待し、第二のハラッサーを育成してしまう、ドラキュラ物語的な悪循環を「連鎖」とみなすわけですが、それは植民地支配における暴力にもあてはまるとしています。「反日」感情に反発する日本人が「そんな感情を抱くのはおかしい。日本に感謝しろ」（安冨ほか2007：68）と主張してきたのは、植民地支配にともなった現地の近代化をアジア各地への恩恵と日本人が認識しつづけてきたことの産物です。

　安冨さんは「反日」意識に対して「ハラスメント的な対応をすれば、悪魔はさらに増殖する」（同上）と主張します。そもそも「日本に感謝しろ」という現代日本人のかかえる恩きせがましい感覚自体、先行世代による支配体制や暴力（公私両面での巨視的／微視的ハラスメント）に対して、利他的行動だったという錯覚・倒錯的評価を継承しつづけ、半世紀以上たっても修正できずにいる証拠で、社会心理学的な病理現象というべきです。

　それは、日米両国における戦死者を100万人レベルで減少させることに成功した原爆投下、といったアメリカの軍官僚周辺のキャンペーン[8]の影響と同質のものがみてとれます。戦争犯罪の本質を直視せず、ともかく正当化のために合理化することで、善行をなしたかのような記憶の捏造の典型例だからです[9]。

　安冨さんたちは、ハラッサーたちが「しつけ」「教育」のなのもとにハラスメントをくりかえしてきた構造に着目します。原爆投下を正当化したアメリカ政府・軍関係者は、「お灸をすえてやった」という懲戒意識をもって戦争犯罪を正当化したでしょうし、日中戦争当時の日本の軍部がさかんにながした「**暴支膺懲**」[10]といったヘイトスピーチとにた心理メカニズム（責任転嫁）と共通するとおも

われます。

　単なるハラスメントだったり、支配・収奪にすぎなかったのに、指導など「ほどこし」行為といいつのるのと並行して、単なる暴力を正義や懲戒だといいはるふるまいは後続世代にしっかり「連鎖」するし、被害者がわ国民にも世代的な復讐心が「連鎖」していくのです。

　原爆投下の正当化をあらためられなかった関係者の影響を、アメリカの帝国主義的体質を批判的にうけとめられない層はすなおに継承してしまうでしょう。つい先年まで存命だった原爆投下の実行者たちのほとんどが全然改心することなくしんでいったのと同様の正当化は現在もなくなることなくアメリカ国民の一部にうけつがれています。「実行者」はもちろん、継承世代も、日本人などから原爆投下をとわれれば、「心外」だといった反応をしめすはずです。

　一方、被爆国民のがわでは、マンガ『この世界の片隅に』のアニメ映画化や実写ドラマでの反応でわかるように、「おとされて当然だった当時の広島・長崎市民」といった位置づけを拒絶しているとおもわれます。昭和天皇による「広島市民に対しては気の毒であるが、やむを得ないことと私は思っております」[11]発言（1975.10.31）など、原爆投下不可避論の政治性はかなり複雑ですが[12]、ハラスメントの事実を否認しつづけたり、「未来志向のためには、ひきずらずにわすれ、ゆるしあうべきだ」といった主張を、ハラッサーがわの国民がもちだすのは、性暴力や虐待の加害者がわのいなおりと同形の二次加害であり、ハラスメントのネジれた連鎖の典型例でしょう。

　アメリカ国民が、広島・長崎の被爆者2世・3世らにむかって「もうわすれろ」と命じたり、さとしたりするのが、明白なハラス

メントであるのと同様、アジア・太平洋、そして欧米の戦争被害者に対して「わすれろ」だの、「まだ、そんなことをいいたてるのか」といった、強要・逆ギレは、ハラスメント以外のなにものでもないのです。

　1995年前後、「戦後50年」といった刊行企画・特集などが無数にうまれ、第二次世界大戦における「戦勝国」（連合国がわ）や旧植民地は「戦勝50周年」や「解放50周年」をいわったと同時に、「戦後」、「戦前・戦中」ははたして清算されたのかも問題提起されました。しかし、東アジア各地から日本の政治家たちの歴史認識が問題視されつづけていること、日本内外の歴史研究者などから「未清算」問題がいまだにむしかえされつづけていることをみれば[13]、清算など全然できていないことは明白です。

注

1 これは、ナショナリスティックな自画自賛的視座から日本史の連続性（日本民族史・日本文化史）をうたがうことなく美化してきたながれ（たとえば戦前の「皇国史観」や冷戦崩壊後に勃興した「自由主義史観」など）などにかぎったことではなく、一概に日本びいきとはいえないだろう遠方の史観にも典型例をみつけることができる。たとえば、ある高名な美術史家が書いた少年むけの世界史は欧州中心主義を脱していないものの、1930年代の極東の小国をつぎにように評価している（ゴンブリッチ 2012：159）。

国を完全に開いたが、日本人は賢明な民族であった。ヨーロッパはあまりにもいそいで、日本がもとめるものをすべて売りつけ、教えた。わずか数十年のあいだに日本は、戦争と平和のためのヨーロッパのあらゆる技術を身につけた。そしてすべてがそろったとき彼らは、ヨーロッパ人をふたたび、丁重に扉の外に締め出した。「もはや、あなたたちができることをわたしたちはできます。いまは、わたしたちの蒸気船で交易にも征服にも行くことができます。あなたたちの平和な都市を、そこで日本人があなどられることがあれば、わたしたちの大砲で攻撃することもできます。」ヨーロッパはあっけにとられた。それはいまもつづいている。日本人は、世界史のもっともすぐれた生徒であった。

2 筆者には、現在も未清算のまま推移している日本列島周辺の植民地主義を解析した『コロニアルな列島ニッポン』という既刊書がある（ましこ 2017）。本来は、極東情勢などを軸にした安保問題の解析本ではないが、在日米軍基地の約4分の3もの面積が国土の0.3%ほどの小島に集中している異様な状況にいたった経緯を解説するうえで、沖縄島の地政学的位置づけを最低限おこなっている。

3 ネット右翼を中心に「ミンス」などと旧民主党系各派を一緒くたに誹謗中傷する本質主義的ラベリングが定着してひさしい。しかし、ネット右翼らバッシング勢力が完全にみおとしている、ないし意図的に無視しているらしい現実は、旧民主党各派の最右翼部分は自民党タカ派勢力と遜色ない極右勢力だった点、「最低でも県外」などと無防備に正論をはいてしまうことで逆効果をまねいてしまった鳩山由紀夫首相（当時）にしろ、右派勢力がリベラルとみなしている集団の大半はせいぜい中道右派でしかなく、すくなくとも原理主義的反米勢力でなど絶対ない点だ。鳩山もと首相らは、安倍政権などによってタカ派色がつよまった自民党と差別化をはかるために、対米批判をくりかえしたものの、その本質は親米保守にすぎず、たとえば在沖縄米軍基地についても、安保体制に根源的疑義を呈するようなものでは全然なく、むしろ米軍基地の分散配置（「受苦圏」の分散化）によって安保体制の永続化をはかる意図があったとおもわれる。

4 韓国・台湾のように、朝鮮・中国と直接対峙する以外に選択肢がない地域の歴代政権は、現実主義と理念主義のはざまで、基本的に親米でありながら、

ギリギリの選択をせまられてきたけれども、日本海・東シナ海をへだてて直接対峙しないでよい日本列島での政権は、包囲網第二陣という地政学的位置ゆえに、独自の対米追従構造がうまれたとかんがえられる。

　韓国同様、米軍基地所属の将兵自体が一種の「ひとじち」と化すことで、事実上「トリップワイヤー」として中ロ両大国に対する抑止力になっている。こういった構図は、冷厳な地政学的現実かもしれない。つまり、米軍の実力自体が封じこめの直接的圧力なのではなく、米軍関係者の死傷が発生するような事態は米軍の反撃をひきおこし、それが全面戦争へとつながるのではないかという大国間の懸念こそが、冷戦後もつづく「恐怖の均衡」を形成しているという認識である。韓国・台湾はもちろん日本でも、関係者の暗黙の了解として「密教」化しているとかんがえられる（ましこ2017）。2018年前半、南北会談・米朝会談によって、「朝鮮戦争」の完全終結へとむかうみちすじができたが、朝鮮半島の完全非核化＝平和共存の条件として、在韓米軍の完全撤退＝朝鮮半島全体の「緩衝地帯」化がどの程度実現するかは、この地政学的「トリップワイヤー」論が、どううけとめられるかにかかっている。「アメリカ・ファースト」政策の論理的帰結は、「トリップワイヤー」論の拒絶＝在韓米軍の完全撤退となるはずだが。

5　ただし、近年では、在沖米軍をはじめとして、在日米軍基地は中距離弾道ミサイルの射程内におさまっており、ボクシングでいえば両者ともあいてのリーチ内に位置するわけで、リスクは急上昇しており、地政学的な撤退論も無視できない。また、「「反共の不沈空母」だった日本は、もうとっくに無力化されつつある」といった、皮肉をのべる論者もある（羽根2017：99）。

6　たとえば、ある保守系媒体は、つぎのように、日本会議を批判している。

日本会議はトランプ政権にも追従するのか
（『月刊日本』2016/11/25, http://gekkan-nippon.com/?p=10055）
日本会議が転向した理由

　日本会議は様々な意見を持つ人たちの集合体であり、よく言えば民主的、悪く言えば統一性がありません。日本会議の統一性のなさは、過去の主張を振り返ればよくわかります。彼らはかつては「YP体制打破」を掲げていました。YP体制とはヤルタ・ポツダム体制のことで、要するにアメリカを中心とする戦勝国によって作られた戦後秩序の打破を訴えていたのです。

　しかし、彼らは今ではYP体制打破とは主張していません。それどころか、日本会議関係者の中には、TPPや集団的自衛権の問題などで、アメリカに追従するような動きを見せていた人たちもいました。

　なぜ日本会議は反米から従米に転向したのでしょうか。それには複合的な理由があるのでしょうが、結局のところ彼らは体制に順応しただけだと思います。つまり、日本政府や日本社会が従米的になったため、

彼らもまた従米的になったということです。
　もっとも、日本がいつまでも従米的でいられるかはわかりません。アメリカの次期大統領に選ばれたトランプは、選挙期間中、日本に在日米軍の負担増を求めるなど、日本に批判的な態度を示していました。果たして日本会議はトランプ政権にも追従するのかどうか、注目したいところです。〔後略〕。

7　つぎのようなスキャンダルは、右派たちのホンネ、穏健な保守層とその象徴となりつつある皇室に対する、アンビバレントな意識やイライラ感を露呈させたものといえよう。とても、例外的な人物による突出した暴言ですまされるような発言にはおもえない。

　……6月20日、靖国神社の社務所会議室で行なわれた「第1回教学研究委員会定例会議」で、その重大事は起きた。今年3月に第十二代靖国神社宮司に就任した小堀邦夫氏（68）が、創立150年に向けて新たに組織したのが「教学研究委員会」だった。これからの靖国神社がどうあるべきかを考えるとして、第1回の会議には、小堀宮司以下、ナンバー2である権宮司など職員10人が出席したことが当日の議事録に残されている。
　その会議の場で、靖国神社のトップである小堀宮司から、驚くべき発言が飛び出した。
「陛下が一生懸命、慰霊の旅をすればするほど靖国神社は遠ざかっていくんだよ。そう思わん？　どこを慰霊の旅で訪れようが、そこには御霊はないだろう？　遺骨はあっても。違う？　そういうことを真剣に議論し、結論をもち、発表をすることが重要やと言ってるの。はっきり言えば、今上陛下は靖国神社を潰そうとしてるんだよ。わかるか？」
　さらに発言は、代替わりで次の天皇となる皇太子夫妻にも向けられた。
「あと半年すればわかるよ。もし、御在位中に一度も親拝（天皇が参拝すること）なさらなかったら、今の皇太子さんが新帝に就かれて参拝されるか？　新しく皇后になる彼女は神社神道大嫌いだよ。来るか？」
　静まり返る会議室で小堀宮司の高圧的な口調の"独演"と、速記のキーボードを打つ音だけが響く──。
　この会議は、小堀宮司の意向もあって複数の出席者が記録のために録音していた。宮司の「総括」から始まる110分に及ぶ音声データを本誌は入手した。……
「「陛下は靖国を潰そうとしてる」靖国神社トップが「皇室批判」」（『NEWSポストセブン』2018.09.30, https://www.news-postseven.com/archives/20180930_771685.html）

8　もっとも著名なデマとして、国務長官等をつとめたヘンリー・スティムソンの「原爆投下によって、戦争を早く終わらせ、100万人のアメリカ兵の生命が救われた」との表明がある（ウィキペディア）。

9 近年でも、著名なニュース番組司会者のビル・オライリーは、原爆投下を正当化する"Killing the Rising Sun: How America Vanquished World War II Japan."（2016年）を刊行していて、原爆投下を戦争犯罪として検討するといった姿勢とは正反対にある。(https://en.wikipedia.org/wiki/Killing_the_Rising_Sun)
　ピーター・エニス「米国でバカ売れしている「日本叩き本」の正体──トンデモ本が3カ月で50万部も売れた！」（『東洋経済ONINE』2016/12/11, https://toyokeizai.net/articles/-/148867)
　ちなみに、通説に対する反発から、歴史的事実を全否定するかのような議論をもちだす勢力に対しては、「歴史修正主義」というレッテルがはられるようになった。

> 「従来の一般的な歴史観・歴史認識とは異なる解釈を主張する者の言動に対して「客観的な歴史学の成果によって確立した事実全体を無視し、過去の出来事を都合よく誇張、捏造、解釈して"歴史"として主張したり、都合の悪い過去は過小評価や抹消したりして、自らのイデオロギーに従うように過去に関する記述を修正するものである」として批判する場合に用いられる否定的な言葉・概念。否認主義。当初は第一次世界大戦、第二次世界大戦の歴史修正を主張する論者への非難として、特に第二次世界大戦におけるドイツのホロコースト否認論者や日本の侵略戦争否定論者に対して使われた。正当な歴史修正と区別するために、「歴史改竄主義」と呼ぶこともある」　　　　　　　（ウィキペディアから）
> 「物語られた歴史 history は、見直し＝修正 revision の可能性につねに聞かれている．見直し＝修正を拒否する歴史は、イデオロギー的に絶対化された歴史である．だから、修正主義 revisionism という言葉も、かつては必ずしも悪い意味ではなかった．ところが近年では、「歴史修正主義」という言葉はほとんどいつもネガティヴな意味で使われ、批判の対象に付けられるべき名前となった．「ホロコースト（ナチス・ドイツによるユダヤ人大量殺戮）などでっち上げ」「ナチ・ガス室はなかった」などと主張するホロコースト否定論者たちが、みずから歴史修正主義者 revisionist を名乗って活動していることが大きい．1990年代後半の日本に、「自虐史観」批判を掲げて登場し、「日本軍〈慰安婦〉問題は国内外の反日勢力の陰謀」「南京大虐殺はなかった」とまで叫ぶに至った勢力が、「日本版歴史修正主義」と呼ばれるようになったのも、この連想か働いたためである．
> 「歴史／修正主義」（高橋哲哉・岩波書店）p. iiiより。」
> 　　　　　（「歴史修正主義とは」、はてなキーワード - はてなダイアリー）

　なお、筆者は、右派勢力などから頻繁にもちだされてきた歴史的事実の黙殺・否認などが「〜（で）はなかった」といった論法・論調である構図を総称して「なかった」論、と称した理念型を提案してきた。

- 「歴史社会学（史的社会学ではない、歴史意識の社会学）のための おぼえがき2」『MASIKOの日記（ましこ・ひでのり）』2012-10-08
  (http://d.hatena.ne.jp/MASIKO/20121008/1349656522)
- 「歴史社会学（史的社会学ではない、歴史意識の社会学）のための おぼえがき3」『MASIKOの日記（ましこ・ひでのり）』2012-10-10
  (http://d.hatena.ne.jp/MASIKO/20121010/1349830205)

10 **暴支膺懲**（ぼうしようちょう）　暴虐な中国を懲こらしめる。
日中戦争中の日本において「何故支那と戦っているのか」を正当化するため頻繁に用いられた。(https://ja.wiktionary.org/wiki/暴支膺懲)
　この、おごった視線の反動は、一層侮蔑をくわえたレイシズムの発露である無差別爆撃と二発の原爆投下というかたちで、ほどなくかえってくることになる。漢文に精通したアメリカ人であれば、「暴倭膺懲」といったパロディーをすぐさま想起したのではないか。そして、それが、ほかならぬ中国共産党幹部や大陸のネット右翼らがかかえるホンネ、あるいは、かかげる大義として、反動のかたちをとって噴出するにいたったのは、実に皮肉なことというほかなかろう。

11 昭和天皇「原爆投下はやむをえないことと、私は思ってます。」(2010/08/05に公開, 1975年10月31日, 日本記者クラブ主催「昭和天皇公式記者会見」) (https://www.youtube.com/watch?v=NQhVOTS0j7A)
「原子爆弾が投下されたことに対しては遺憾に思っておりますが、こういう戦争中であることですから、どうも、広島市民に対しては気の毒であるが、やむを得ないことと私は思っております」（ウィキペディア「日本への原子爆弾投下」）

12 たとえば、ウィキペディア「日本への原子爆弾投下」にあたるだけでも、「昭和天皇の発言」にとどまらず、「本島等」「久間章生」などの項目にたどりつくことができる。それらを参照するだけでも、原爆投下についての現代的評価が存外複雑であること、昭和天皇発言の真意・含意が一義的には確定しかねることがわかってくるだろう。自身も被爆者であった永井隆（医学博士）の「浦上燔祭説」と、それへのはげしい批判や、当時の地政学的位置などもふくめ、原爆投下による非戦闘員の被爆、二次被爆もふくめた短期・長期の原爆症、原爆スラムや結婚差別など深刻な差別問題など、これら広義の政治性は、全然清算されていないといってよい。これら広義の政治性の検討の蓄積としては、原爆文学研究会の年報『原爆文学研究』をあげることができよう (http://www.genbunken.net/kenkyu/kenkyu.htm)。

13 「（戦後の原点）突然の帝国解体、旧植民地と未清算の一因　テッサ・モーリス＝スズキさん」『朝日新聞』3面（総合3）2016.08.27 (http://www.asahi.com/shimen/20160827/index_tokyo_list.html, https://ameblo.jp/lovemedo36/entry-12195144392.html, http://d.hatena.ne.jp/ujikenorio/20161212/p5)

7章
補論3 大学・大学院で「まなびなおす」という意味

：大学など、高校以降で勉強することの意味と、おぼえておいた方がいいこと

本章のねらい

本章は本書のなかでは、ひとつだけ異質な番外編的部分である。社会学が諸学と異質な存在であるとのべてきたが、大学ではじめて提供される社会学に代表されるように、大学など高等教育全体が、公教育のなかで異質な存在なのである。それは本質的に、「正答」が確定しているクイズに受動的に解答できるようになっていく初等・中等教育とはことなり、専門人が開拓しつづけている学問的前進のあゆみにふりきられないよう、なんとかついていく空間。成人のための主体的学習過程なのである。

大学でまなばないとかしこくなれないとか、しあわせになれないというのは完全に錯覚だが、一方、大学など高等教育機関にまなぶからこそえられる知的遺産と学問的先端の世界がある。本章は、生徒・学生の将来展望として「就活」「資格試験合格」などしか視野にいれていなさそうな進路指導とは全然ことなる「大学案内」である。

7-1.「児童生徒」の教育機関から、「学生」の学習空間へ

　義務教育の中核・基礎段階としての小学校（初等教育段階）があり、それをはさんで、幼稚園（就学前教育）、および中学校・高等学校（中等教育段階）が制度化されている現代日本。その際、私立学校を中心に中高一貫校がそれなりにあるように、中等教育機関には教育上の連続性が感じとれます。一方、小中学校、そして幼稚園と小学校のあいだには、かなりのミゾがあって、園児から児童、児童から中学校の生徒への転換には、コドモたちがとまどいをおぼえてきたことは明白です。「遊戯から学習」「学級担任による一括指導体制から教科担任制」といった、教育機関の指導体制が一変するのだから、当然でしょう。

　だからこそ、小学校1年生の前半などは、教科教育内にもアソビの要素を意識的にふやすなど配慮がなされてきたし、地域の小中学校を立地・人事上で連続性をもたせようというこころみもふえてきました。教育段階間での断絶を極力ちいさくして、児童生徒への精神的負担をへらそうという努力です。

　しかし、意外にわすれられたり軽視されたりしてきたのは、高校までの義務教育＋αの段階とそれ以降の高等教育・専門教育との断絶です。それはおそらく、高校までは18歳以下ということで完全な未成年、一方、大学生や専門学校生には成人もふくまれる段階であるということからきています。つまり、18歳以降の教育機関は、学資負担がだれであるかはともかく、志望校選択や修了までのスケジューリング、卒業後の進路選択など、学生自身の自己責任とみなされていることからくるとおもいます。つまり、高校までは「生徒さん」と、あからさまにコドモあつかい（＝保護者の管理下）だっ

たのが、大学等では「学生さん」と、半分オトナあつかいをうけるということです。

社会や教育機関の関係者は、「学生」に準成人＝準社会人としての自己責任原則を要求し、たとえば「保護者面談」といった機会は制度化しません。不祥事の責任をとって除籍あつかいになるとか、学費が期限までに納入されないなどのケースで「実家」に連絡がいき、たとえば「退学届」といった文書提出時には、たしかに保護者の署名捺印が必要です。とはいえ、「退学」等は、保護者の意志で決定されるのではなく、あくまでオトナとしての学生と教育機関とのあいだでのやりとりできまるのです。

このように、「学生」身分という社会的地位は、「児童生徒」とは、あきらかに異質です。当然、「無断欠席」について学校から「実家」にといあわせがいくといったことはないし、小学校や学習塾がおこなっているように、「本日の勉強の進行はここまでで、宿題はここです」といった連絡が「家庭」にいくことはない。そもそも各講義の担当教員の半数が学校内部に所属をもたない非常勤講師だったりして、授業直後の質問等には最低限こたえるものの、その後は非常勤控え室で一服したら、つぎの来校は1週間後といったことが常態なわけですから、欠席学生に電話連絡といった制度がなりたつはずがありません。

卒業要件上の必修科目はきめられているものの、各学生の関心・必要に応じた選択科目が用意されているのが当然であるとか、学期開始直前に発表される授業内容（シラバス）を参考にカスタマイズされた時間割を自己責任で作成するのは、予備校や学習塾ですでに体験ずみかもしれませんが、それを毎学期、学生が保護者との相談などはなしに自主的に判断して2年間とか4年間とかくりかえすの

が、大学や専門学校などでのありようです。

　以下、大学などでの新入生ガイダンスなどと一部かぶる点はあるかもしれませんが、教育機関のタテマエなどが邪魔して、公然とはかたられにくい部分もふくめて、進学までにココロの準備としてふまえておいた方がいい点をのべることにします。これは、社会的ウイルスに対するワクチンをうけるといった、本書の目的にかぎらない、高等教育段階の本質的な性格の紹介・解析です。

7-2. 大学での勉強とそれ以外の本質的ちがい

　高校までと高校以降の大学・大学院など学校組織とのちがいはなにか、整理しておきましょう[1]。

　それは、「正解」が確定しているクイズをとけるようにみちびこうという指導なのか、「科学・技術」の前進に完全においていかれないように、なんとかついていかせる教育なのか、という点でわけられるとおもいます。

　高校まで（大学入試試験まで）の学力試験をふくめた教育プロセスは、基本的に「正解」がひとつに収斂すると確認された問題だけがとりあげられるのに対して、大学以降の教育機関・試験制度は（資格試験予備校や医師国家試験のようなもの以外）、「正答」がひとつにきまっていません。「正解への複数ルート」といった意味ではなく、「複数解」が当然視されているとか、「昨年、通説が否定され修正された」といった事態に対応しようとする世界なのです。だからこそ、学習指導要領にきびしく規制された「検定済教科書」のような定型化されたテキストはマレであり、そもそも「学習指導要領」にあたる指針がありません。

たとえば、数学オリンピックに参加する高校生たちは、出題者の数学者たちがおもいつかなかった解法を発見して「正解」するかもしれません。しかし、数学者グループによる出題ミスでもないかぎり、「正解」はひとつであると確認されてから出題されているのです。「正解への複数ルート」を鑑賞することで、先輩数学者たちは、「後世おそるべし」とほくそえむかもしれませんが、「ひとつの正解」を確認したうえで、出題はしています。

　一方、すくなくとも大学院生以上の存在のばあい、指導教授たちが気づかなかった解法を発見し提出する必要があります。なぜなら、科学は、「ただしいことの確認」が大事なのではなくて、「実は微細にただしくない点があったことの発見」「モデルの修正」などが主目的だからです。

　農学など応用生物学のばあいは、「〜は開発不能であることを証明した」といった、第三者的には残念な「発見」もあるそうです。しかし、こういった応用理学における「不可能性の証明」は、それをくつがえす新説がみつかったばあいは、それこそ「大発見」ですし、それができないなら「〜開発は無意味なので、てださしない」という資源・人材の有効活用に資するわけです。「残念」どころか、実に意義ぶかい「発見」なのです。

　「法解釈学は社会科学とはいえない」とか、「臨床上の治療行為は臨床医学の応用実践であって医学ではない」というと、おどろくかもしれませんが、それは、以上のような科学の性格から当然みちびきだされる宿命です。実定法の条文には法学者集団や法務官僚たちごとの学派が共存・対立し、解釈が一義的にきまることの方がめずらしい。したがって、あるケースに対する実定法の適用とその解釈は複数ある方が普通です。投薬・手術等の治療もそうで、一義的に

解決法が確定するものではなく、主治医や患者・家族の判断・意向によって、複数の選択肢がうまれるのが普通なのです。

たとえば教育学・臨床医学などで蓄積された科学的議論によって、妥当な育児やほかの選択肢はありえない完璧な治療法などが一義的にきまるのかといえば、それはちがうことが、すぐわかるはずです。そもそも、ある「目的地」への「妥当なルート」というのは、単一ではないのが普通でした。もちろん、科学的調査・実験の蓄積によって、あきらかな誤謬・矛盾だと立証されるケースもあるでしょう（前述の「～は開発不能であることを証明した」といった残念な発見）。

しかし、「目的地への妥当なルート」が通常複数あるように、科学的知見の適用・実践が「唯一解」をみちびくとはかぎりません。むしろ、数学の証明が複数あるのと同様に、「複数解」があるのではと、慎重になるべきだということになります。あるいは、「結核菌」という病原体が唯一の「真犯人」ではなくて、宿主の栄養状態や免疫力など広義の体力こそ肺結核などの激減の主要因であったこと、特効薬だけが肺結核など感染症の「救世主」ではないことなども、あわせて指摘しておくべきでしょう。新薬が100％有効であるわけではないことを確認するためにプラシーボというニセぐすりを並行して治験で比較対照する臨床実験であるとか、薬理作用には基本的に健康回復への障害となる副作用がともなうといった現実もあります。気象など自然現象だけでなく、生理現象や社会現象は、複数の要因の複雑なからまりあいで発生・反復・消失するのであって、メカニズムは単純ではない、といった科学的経験則です。

すでに、観測者の視座（たち位置）によって、比較的単純な立体図形でも複数のシルエットが簡単に出現してしまうケースを、「円

錐」の例をだして説明しました。社会現象は、円錐のシルエットのような単純な図形とはことなる、非常に複雑な複合体なわけですが、ここでも、立体図形のたとえを理解の便のために、もちだすことにします。

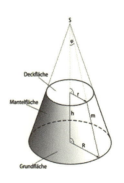

それは、円錐の上段にあたる円錐部分を切断した「円錐台」です（右図はウィキペディアから）。こういった形状の山岳があったとして、このような地形の「攻略」は、どういったかたちがありえるでしょうか。通常は、「平地」から側面を登攀（トーハン）し、高原地帯というべき部分に到達した時点で成功したとみなし、可能なら登山隊の成功のあかしとして、中央部になにかのこすでしょうが、ふぶきなど自然条件がきびしくて中央部にちかづけない事情があれば、「高原」に到達したことでよしとするでしょう。もちろん、ヒマラヤ山脈などの世界的高山のばあい、いろいろな意味での難ルートへの挑戦が登山家たちにこころみられてきたことも事実です。しかし、そういった競技的な登山ではなく、単に娯楽・スポーツの一環として「円錐台」様の高原に挑戦するなら、どのルートであろうが、高原のどの地点にたどりつこうが「成功」とみなされるはずです。

同様のことは、すでにのべた教育や治療などにもあてはまるし、健康法とか勉強法にもあてはまるとおもわれます。要するに、「円錐台の高原」にいどむなら、のぼりかたも自由だし、たどりついた地点がどこであろうがよいように、教育や勉強、治療や健康回復・増進などに、「頂上」のような「唯一解」などなく、当人・関係者さえ満足するなら、複数の「正解」が共存し、それら同士が対立することはないのです。

ルートの正確な見当に失敗して、途中いろいろまよってしまったり、疲労や軽傷、悪天候などで予定よりすごくおくれたり、いろいろあっても、がんばったあかつきとして「登攀(トーハン)」があるのと同様、さまざまな訓練・治療には、途上での障害とかちいさな挫折などがつきものかもしれませんが、そもそも競争でない以上、はやさや到着までのルートのうつくしさとか、そういったものを誇示する必要もないわけです。ばあいによっては、途中のさまざまな紆余曲折や挫折自体が、挑戦・学習など有意義な現実かもしれません。

　大学で科学・学問などにちょっとつきあうとは、このような「複数解」にむかう旅程です。「科学者」「学者」たちに接するとは、ツアーガイドやシェルパなどにめぐりあうことであり、その旅程や準備段階もふくめて、相談・討議・再調整などが必要なのは、そのせいです。

　以上のような事情の結果、大学での勉強はどうなるかというと、「クイズと解答」「しらべ学習」の要素が量的にはもちろん質的にもどんどんへっていきます。「クイズ」を授業や宿題にだされたり、「レポート」と称して高校時代と大差ない「しらべ学習」を提出させられていたりするうちは、「本当の学生あつかい」をうけていないとかんがえてください。「クイズ／しらべ学習」は、あくまで数箇月まえまで高校生（生徒）だった受講生にショックをあたえることなく心身の基礎体力をつけさせるための、ならし過程なのだとうけとめるべきです。

　もちろん、理科系や経済学周辺のように、「科学の最前線」から何十年もおいていかれた「定説」「定理」など（たとえば、「三平方の定理」のように2500年まえには証明ずみが確認できるものさえある）が多数あって、その習得のためのテキスト・演習問題が確立

している分野もすくなくありません。専門家集団のあいだでは何十年もまえに解決ずみの課題を、生徒・学生らはわざわざ追体験するわけです。したがって、練習問題や「しらべ学習」をさせられているあいだは、まだ、「クイズと解答」の水準でしかないと、先生たちがみなしているということになります。

7-3.「卒業論文」など大学独自の制度、そして時間割にならぶ講義科目の含意

では、大学生らしいあつかわれかた（卒業論文等）では、どういった課題がだされるのでしょうか。

- ■「自分で課題を設定し、仮説をたててデータをあつめ仮説の妥当性を検証しなさい」
- ■「自分で課題を設定し、関連する論点について過去に蓄積された先人たちの議論を網羅的に収集し整理し、これまでに提出されていない論点を提出しなさい」
- ■「この課題については、過去に蓄積された先人たちの論点がこのように整理されているといわれてきたけれども、それ以外の論点ははたしてないのか、整理はただしいのか、検討しなさい」

こういった方向性で、たとえば卒業論文は指導されます。自動車教習所の卒業試験のように、「（設問と1対1対応した正解を）90％以上あてたら合格」といった基準での選考ではありません。データ収集・整理による仮説の妥当性の検討とか、先人たちの研究蓄積を

網羅的に検討して、あたらしい知見をつけくわえるといった、形式的には、ものすごく高尚な作業にとりくまされるのです。「しらべ学習」とはちがうので、指導教員がすでにイメージしている次元で整理して報告しても無意味です。それこそ、諜報部員や調査会社の報告書のように「あらたに入手できた情報」を提出しなければなりません（実際には、あくまで「理想」ですが）。

　また、みのがせない点として、専門科目の前提としての「基礎科目」「〇〇学概論」のような授業は、かりに高校までの教科名と一見つながってみえても、完全に異質な問題設定をつきつけられるだろうことがあげられます。たとえば「政治学概論」「経済学基礎」「生命倫理入門」といった科目名があったとして、そこで展開される授業は、おそらく高校でならった「政治経済」「倫理」とは断絶しか感じないのではないかとおもいます。それだけでなく、「教養教育」「全学共通教育」などとして履修する選択肢としてあがっている科目群には、「教育学〇〇」「〇〇人類学」「社会学〇〇」「ジェンダー論」など、およそ高校までにみたことのない名称が大量に時間割表にはあることでしょう。これらにくわえて、大量の「語学」「スポーツ実技」なども必修化されており、全部あわせて各学部の専門教育の「準備」ないし「補完科目」なのだという制度が、大学のカリキュラムを形成しています。「入門ゼミ」といった科目などもそうです。

　理科系を中心にほぼ必修だらけという学部もありますが、選択肢のおおさにめまいがする新入生はすくなくないはずです。大学は高校までとちがって、「自己責任」空間だからです。しかも、このばあいの「自己責任」というのは、高校までは「生徒」として「学習させられる擬似的主体」であるのに対して、「学生」が「みずから

主体的に選択し学習する成人」としてあつかわれるという意味です。これは、学期当初に公開されるシラバス（各科目の年間ないし半期計画）などで指示された規定をまもって学習結果を証明できないかぎり、単位がとれないし、年限までに必要単位数がそろわないと卒業できない。かりに企業などから採用内定をえていても、「〇〇学部卒業という学位をえられないために、採用がふいになっても、それは自己責任なので、さかうらみなどしないように」という含意をもつのです。

　その意味で、大学・大学院では、学費をだれが負担するかはともかく、入学者・履修者が成人としてあつかわれ、単位認定や卒業要件について自己責任原則をとられる主体なのです。高校生までのように、保護者・教職員等に保護される一方の受動的存在ではなく、「サービス商品」を自己責任で選択し、将来設計に即した活用を自分自身で決定しなければなりません。

　かつて誇大な合格率を吹聴した日本政府の国家的詐欺というべき法科大学院のような構造が、後世きびしく指弾される時代がやってくるでしょう。しかし、すくなくとも現在「司法試験制度改革にだまされた」と痛恨のおもいにあるひとびとは、「司法試験合格者市場の推計、政府・法曹関係者による制度改革の欺瞞性をみぬけなかった情報弱者であった」という位置づけをまぬがれません。そうした冷厳な事実としての「自己責任」が原則なのです。

　これは、各学部が資格試験合格やその後の進路について、具体的責任はとってくれない。資格試験に合格したいなら、資格試験予備校にいくとか家庭教師についてもらうなど、自己責任で対策するほかない。例外的な有力教授の研究室などは別にして、民間企業の採用をかちとるのは、「就活」を実行し「イスとりゲーム」にかちぬ

く学生だけ……といった冷酷な現実を、大学という「不安産業」[2]が かかえている（いや、かくしている）という意味です。

　だからこそ、大学・大学院の受験生は、「受験料がたかい」とか「入学金を〈ぼったくられている〉感じ」といった、消極的な姿勢ではいけないわけです（受験料・入学金をふくめて、納入金額が高額に感じるなら、国公立大学をせめてえらぶなど）[3]。「授業料はなににつかわれているんだ」などと不信におもうのではなく、「4年間の学資は《投資》としてみあうか」という、自分自身への投資行動として、冷静かつ主体的に計算する必要があります。

　もちろん、「いまのところ、なにがむいているか、なにを本当にやりたいのか、がわからないので、とりあえず、不適応をおこさないですみそうな学部に進学して、かんがえる」というモラトリアム期間として4年間を位置づけるのは、まちがってはいません。しかし、3年生後半から「就活」がはじまると、近年ではいわれています[4]。「進学して、かんがえる」という期限はながくありません。

　つまり、「科学技術の前線がどう展開するかにつきあう」という高校までなかった要素だけではなく、「自分自身への投資行動として、成人としての自己責任がとわれる」という点で、きわめておおきな断絶があるというほかありません。

　なお、公務員受験者がおおい法学部や国家試験を前提とした理系学部のばあい、卒業論文がなかったり、必修単位となっていなかったりが大半だとおもいます。卒業論文は、たとえば「ワープロソフトで印字し所定の簡易製本のかたちで提出すること。本文12000字以上、文献表・資料等ふくめ20000字以内とする。……」といった、かなりの負担がかかる課題です。とても、授業科目の4単位だとか8単位とかいった所要時間・投下エネルギーに還元できるような負

担ではなく、単に自分への経済投資といった観点だけから計算したら、費用対効果はひくいものになるでしょう。特に近年、3学年後半から4学年なかばまで就職活動に奔走し消耗をしいられる大学生が、充分な準備と作成作業をさけるはずがないのも現実です。正直、理想と現実の乖離(カイリ)は非常におおきなものがあると、いうほかありません。

　しかしそれでも、筆者は「卒論を提出できる制度になっているなら、可能なかぎり挑戦したほうがのぞましい」と回答します。なぜなら、特殊なたちばにある人物以外、1万字以上といった分量と、アカデミックライティングとよばれる一定の形式にしたがった質的保証という両面をそなえた作文機会、それをささえる資料収集・整理の機会は、2度とやってこないからです。それは、信頼のおける報告書を、本気をだしさえすれば作成できる、という経験を永久にうしなうことで、それはあまりにも残念だとかんがえます。

　もちろん、自治体や民間の財団が公募する懸賞論文であるとか、弁護士をはじめとして法律の専門家が作成する各種文書であるとか、さまざまな文書があります。しかし、これらの各種文書の大半は科学的検証にたえるものではなく、官僚組織の趣味や作法にあわせたものにすぎません。また、政治家や官僚が、「月刊誌『○○』掲載の論文……」などと報じられる際の「論文」は、アカデミックライティングなどの要件を全然みたしてはいない、日本文化独自の「エッセイ（雑文）」にすぎません。

　法律上の各種文書はともかくとして、世間で「論文」と称されているもののほとんどが、学術的検証にはたえない文章になってしまう理由はなにかといえば、現代日本が、世界標準とは完全にズレた、非・学歴社会として、学位論文提出を軽視しつづけてきた結果だと

おもいます。残念ながら21世紀の日本社会では、「ある分野での専門家を称するなら博士号取得は前提」といった世界標準がまったく定着していません（したがって、日本が世界的にみて「学歴社会」だというのは、かたよった見解です）。理科系の専門家は除外するとすれば、政官財のエリートたちのほとんどが経済学や法学関連の博士号を全然とらずに、すましたかおをして権力をにぎってきました。それは、博士論文のマネごとともいえる卒業論文さえ、まともにかいた経験がない、という、お粗末な大学事情の構造的産物だとおもうのです。

　科学的検証にたえない作文をしてはじない感性こそ、「東大話法」など破廉恥きわまりない倫理感に露呈しているとおもいますし、そもそも公文書を官僚制全体の正統性の文書主義的基盤として死守・継承していくという倫理が欠落しているのは、近年の霞ヶ関や国会などのスキャンダルで明白になったでしょう。日本のエリートは、軍部にとどまらず、敗戦時に「連合国にしられてはまずい文書」を大量に組織的に焼却して証拠隠滅にはしったわけですが、それと同根の非倫理性＝非科学性＝エセ官僚制が「伝統文化」として組織的体質となったままなのです。

　もちろん、現状のような、卒論指導でふんばれない大学事情、「就活」であたまが一杯の学生、「博士号」軽視どころか、そもそも「卒論」でなにをかいているのかなど、採用面接でただす必要性を感じていない人事関係者などの実態があります。それらの現実を冷静にみれば、「卒論をかかせさえすれば、日本社会はまともになる」などとは、とてもいえません。しかし、「卒論さえかかせる必要性を感じていない社会」「博士号取得者を冷遇して当然とかんがえ、博士号をもっていない人物も専門家として厚遇する社会」という、世

界標準からおおきく逸脱した日本が、真の民主化・科学化をすすめるためには、「まずは卒業論文をしっかりかくことから、はじめないと」というほかありません。

「東大話法」のような事実のゴマカシ、さらには現実の無視・歪曲という破廉恥さのうえにひらきなおるのではなく、「事実を直視・整理し、まだ指摘されていない「解」「打開案」を提起する」という、本来の意味での科学的姿勢をベースに、民主主義的な討論がなされないかぎり、いつまでたっても、社会のヒズミは放置されつづけるでしょう。

以上のような観点で「卒論」作成をふくめた大学での勉学機会というのは、「いきたくなったら、無料でまなべる」という夜間中学的なハードルのひくさで、大学が解放されるべきだという、筆者の理想（たとえば「放送大学」や、各種「ネット大学」の無料化）とかさなります。そして、こういった知のユニバーサルデザイン化と、それにもとづいた学習機会の保障が達成されたあかつきには、社会のヒズミは徐々にではあれ、不断に減少していくはずだとかんがえています。

そして、こういった、いささか巨大な構想は、巨視的な社会変革といったレベルではなく、個々の市民の人生選択の多様性の意義をとらえかえす意味でも重要だとみています。個々の行動主体が、一見合理的な選択をくりかえすことで、それが集積すると巨大な矛盾として環境劣化など破局がおとずれる構造を、経済学では「合成の誤謬」とよびます。個々の行動主体が選択する「合理的行動」が、たとえば個人資産の最大化という目的に集約されてしまうばあいなどは、自身にみかえりがない利他的行動をことごとく忌避するでしょうから、「合成の誤謬」の典型例となるでしょう[5]。

たとえば、大学をはじめとした教育サービスを「個人資産の最大化」のための投資としかかんがえられなければ、そういった文教政策や財政政策しか許容しなくなるでしょうし、それにそった消費行動や投票行動、意見表明しかしなくなるはずです。しかし、それらが「合成の誤謬」にしかいきつかないといった巨視的判断がついたなら、そういった個人は別の行動を当然とっていくでしょう。
　たとえば、
- ■幼稚園など就学前教育や大学‐大学院などの教育サービスは当然受益者負担原則で。
- ■研究‐教育も投資行動の一種なのだから、当然資金は投資家からあつめるべきだ。
- ■高齢者も自活すべきであり、老後資金を充分蓄積できなかった層は自業自得だ。
- ■要支援者たちは、尊厳死原則にのっとり、労働人口に負担をかけるべきでない。
- ■人口減や産業の衰微などで過疎化がすすんでいる地域に税金はつかうべきでない。

といった文教・福祉政策は、新自由主義者だったら万々歳と賛同しそうです。これに対して、「巨視的・長期的に妥当なのだろうか」といった慎重さは、大学などの知的空間でこそはぐくまれるとおもいます。

7-4. 単位取得は自分自身への「長期投資」。大学／院修了者の蓄積は社会への「長期投資」

　大学が「自己責任」空間だとのべましたが、幼稚園／小学校／中学校／高等学校という、おおむね3度の質的断絶とは、衝撃度がちがう「異文化体験」を経験させられるのが、大学の新学期です。機械的にふりわけられてしまう必修語学とか、学部の専門性に即して1年生から履修が義務づけられている基礎科目以外などは、それこそ自分のこのみ、時間配分できまってくるし、そもそも、高校までのクラスのような存在がほとんど破砕されているのです。

　医学部のようなちいさな組織以外、「どこでも毎時間かおをあわせる級友」などは、いないにひとしいとおもってください。その辺で、「孤独がたえがたい」ひとにとっては、なじむのが難儀な空間かもしれません。ともかく「独立独歩」でいく時間帯がおおいのです。

　授業も注意が必要で、担当教員は、教室全体へのきめこまやかな配慮をしてくれるような人材は、すくないとおもってください[6]。必死に筆記すれば一応ポイントがつかめるような授業の概略を板書してくれるわけではないとか、著作権がらみで複写物を配布できないといった理由からパワーポイントによるスライドの画像がながされたきり、学生は自分でメモを必死にとって、記憶をたぐれるようにするしかないばあいさえもあります。近年は、学生の入眠を防止するために、授業進行にそってアナうめプリントを記入させて、正答となるキーワード周辺が期末試験の出題ポイントになったりする、「やさしい」先生もいますが。

　授業の位置づけとして重要なのは、年2学期制なら、7月末・1

月末前後に試験期間があり、そこで教室での筆記試験かウェブなどを介したレポート提出があって、単位認定がなされます。たとえば卒業単位124が必要とされていたら、各種の規定をまもりつつ総計124単位以上の試験・レポートを合格させないと卒業させてくれません。週1回の講義が2単位換算だとすると（語学等は別）、それを4年間で60種類以上つみかさねないといけないしくみです。この冷厳な構造を理解しないといけません。

　まず、語学・体育などの1年時必修科目が平日の1限2限などに配置されていることがおおいので、睡眠障害とか夜勤アルバイトなどで午前中出校できないと留年とか退学においこまれることになります。たとえば入学金や各種納付金もあわせて4年間で450万円はらうとします。あけすけにいうなら、1単位あたり450万円÷124単位≒4万円と換算され、週1回（2単位）の講義は学期全体で約8万円。これは、1週90分前後の授業1回あたりが5300円強という、かなり高額の授業料であることをあらわしています[7]。もちろん、大学は、図書館など各種データベースなどの利用をふくめて、多数のサービスを並行させていますし、学費の相当部分は、事務職の人件費、建造物やさまざまな物財の建設・維持費などもささえているわけです。しかし、それでもみなさんが「授業という教育サービスと卒業資格」を主目的として入学するなら、毎回の授業と、それをベースにした単位制度は、非常に重要な中核的コンテンツになります。

　前項で、自分自身への投資行動として、学費等をかんがえるとのべましたが、1科目が毎月2万円強の出費だと機械的にかんがえるのも、少々いさみあしです。興味関心の濃淡や、科目の難易度（理解はもちろん単位取得）や、将来設計との関係性などから、全部一

律に準備・復習などのエネルギーをさくのは非合理的だからです[8]。「出席点は加算せず、学期末レポートで単位認定すると明言し、それがホゴになることはなさそうだ」といった判断によって、1カ月に1回程度しか出席しない、という方針も合理的かもしれません。

　こういった冷静な計算からいえることは、各科目に充当するエネルギー・時間・情報収集にメリハリをつける。つまり、年間計画にもとづいて時間割を冷静にくみ、知人・友人との連携もふくめ、どの程度の緊張度でのぞむべきかを、緻密にくむ必要があるのです。ただし、ギリギリのきわどい設定などはさけて、つねにユトリをみこまなくてはいけません。

　たとえば、学生アルバイトが「本業」となってしまい、大成功で大学中退といった例外的ケースもありますが、普通のルートではありません。夜勤がきつくて昼夜逆転してしまうとか、学期末に試験準備を充分させないような「ブラックバイト」にひっかからないようにするとか、土日などにバイト・旅行等をめいっぱいいれてしまって、週あけに疲弊しているといったことも、普通はさけるべきです。つめたいことをいうようですが、どんな大学でも、数％の留年生が発生し、その一部は中退や除籍というかたちにおいこまれます。学費がつづかなくなったといった経済的事情ではなくて、まともに登校できないとか、単位認定にたえられるだけの準備が全然できずに「敗退」しつづけるといった「失敗」の結果です。

　特に、1年生を中心に必修化されていることがおおい、語学・スポーツ実技が「敗因」にならないよう、気をつける必要があります。

　そして、学期当初、各科目の担当者がなにを要求しているのか、的確に情報収集・確認をすませて、ユトリをもった学期末をむかえることです。出席点をどの程度重要視しているのか、ミニテスト・

ミニレポートなど期末以前に課される課題で、どの程度単位が保証されるのか、期末試験の構成は具体的にどうなっているのか、期末レポート提出なら、その具体的要件はどうなっているのか。それらを学期当初かならず担当教員に確認し、学期開始後も、自分自身はもちろん、欠席時の動向を知人にたずねるなど、情報収集をおこたってはなりません。

また、担当教員のスケジュールもあり、自分自身の時間割の関係もかんがえないといけませんが、授業の前後に、各回・前回の疑問点をただすなどは、積極的にすべきです。すべての疑問点を、授業内や授業前後で解消することは不可能でしょうが、やれる範囲で、疑問解消を努力すべきです。その大学・大学院に常勤ポストをもっているわけではない非常勤講師のばあいもすくなくないとはいえ、質問の趣旨さえ明確で悪意を感じさせないものなら、質問を歓迎する教員が大半です[9]。その大学が本務校なら、研究室に後日たずねるといったこともありえるでしょうし、電子メールや大学の電子サービスを介して質問をすることも可能です。

なにしろ、1週分につき5,000円強の出費・投資なのですから、「しっかりもとをとろう」という志気を維持しましょう。担当教員は、その分野のプロであることがほとんどです。つまり、みなさんの素養・理解能力にあわせて、かなりセーブして説明をこらしているのです。テニス・卓球などでの試合直前のラリーであるとか、野球のフリーバッティングのように、実は「かなりおさえた球速」で授業は構成されています。担当者がかなり本気になるとしたら、博士課程の大学院生が同席するような空間のみでしょう。その際、よくもわるくも、みなさんは「しろうとさん」「お客さん」として、あしらわれているわけです。逆にいえば、担当者をどこまで「本気

モード」にちかづかせるかが、学生がわの知的水準・気迫＝姿勢として「とわれている」というわけです。

　みなさんが得意な分野で、ギリギリ理解できる水準の話題へと担当教員をひっぱりだしてしまう。授業中には、「中央値」「最頻値」的な受講生レベルにあわせてセーブしていたネタを、おしみなく提供してくれることもありえるのです。そうなれば、授業料として5,000円強投資したところ、実質「何万円分」か、得するかもしれません。ばあいによっては、「人生がかわる転換点」がくるかもしれないのです。

　ちなみに、ここでいう「投資」は、生涯賃金数億円といった金銭的みかえりなどとして、単純に位置づけないでほしいとおもいます。これはなにも、「投資の具体的みかえりに責任をおいたくない」といった消極的な、にげをうちたいのではありません。ここでいう「投資」とは、「なさけは、ひとのためならず（利他的善行は、まわりまわって自分自身にかえってくるので、長期的に損などしない）」といった意味で、積極的価値があるということです。自分自身に対する自信はもちろん、しごとや日常生活におけるモヤモヤの減少・改善、障害の克服や失敗からの挽回・学習、そして、再三強調してきた、被害・加害両面でのリスクの回避能力の向上などをあわせた「リターン」がみこめるはずだという意味なのです。

　もちろん、大学・大学院などは不要であるという性格・能力、あるいは業種・生業のひともいるでしょう。しかし、もし1年でも2年でも、職業生活などと並行して、あるいは休職してでも時間をさけるのなら、大学にかよった経験の有無にかかわらず、なるべく20代・30代のうちに、アカデミックな空間を体験・再体験することを、おすすめしたいものです（卒業による学位をしっかりとるま

で時間・学資をさくかどうかは別として)。

　おそらく世界人口の1%にはとおくおよばないのが、社会学という学問との本格的な接触ですし、大学修了者が世界人口の10%に到達するもの、だいぶさきのことでしょう[10]。これらを体験しないことは不幸であるとか、そういった解釈がまちがっていることは明白です。ただし、大学など高等教育機関にまなばないことで、たとえば「5章 補論1」の【Q1】回答で紹介した立体図形（円錐）のシルエットの一方向からのものしかしらずに一生をおくるようなケースは急増するでしょう。「しらぬがほとけ」のケースも無数にあるわけですが、「わかっていれば、あんなことはしなかったのに」というケースも無数にあったはずです。

　もちろん、学費にみあっただけの利用法をくふうしないと、賃金＋時間の浪費になりますし、大学でのアカデミックハラスメントのリスクも無視できない程度の質・量では潜在していますが。

7-5. 授業へののぞみかた

　大学が「自己責任」空間であり授業担当者が高校までのような配慮をしてくれるわけではないこと、ノートがとりやすいような板書をこころがけてくれる保証がないことなどを指摘しておきました。そもそも、定型化されたクイズなどが用意された理系・経済学のような分野以外では、定型化されたテキストがつかわれない授業がおおいだけでなく、テキスト自体が存在しない講義も多数あります。「教科書：なし。適宜資料配布。」といったシラバスはごく普通です。「文科省検定済教科書」のような定型がないばかりでなく、「わたしの発する音声、板書する記号の総体がテキストである」といっ

た、まるで宗教指導者であるかのような姿勢で授業を主宰するのが講義担当者の常態なのです。期末に教室でおこなわれる記述試験の出題・採点も、提出をもとめられた期末レポートの採点基準も「先生次第」という、実におどろくべき世界こそ大学という世界に共通した「標準」です。教員免許のような国家資格もない。

　なぜなら、理念として「担当者は各アカデミーの前線にいる人物であり、講義は、それら専門人によるアカデミーの成果の紹介作業である」となっているからです。標準化された世界もあるけれども、おおくのばあいは「百人十色」「千差万別」ということが常態化するわけです。実際、しろうとめには専門家のとく定説は大同小異でしょう。しかし学界の前線にちかづくにつれて徐々に、あるいは急に、研究者同士、無数の異論をたたかわせあっている実態がみえてくる。同時に、異論同士が完全に共存不能な異説ばかりでないことも次第に了解できていくはずです。主流派・反主流派・異端派などの布置関係における同調・対立は想像以上に複雑であり単純化不可能なこと、しかし、そういったスペクトラム（連続体）は、しろうとめには「専門家集団」というほかない巨大な集合体であることがわかってくるでしょう。

　このような学界動向をなるべく平易にアマチュア集団につたえようと宣教活動をくりかしているのが大学人です。当然、ノートをとるなど授業中の情報収集は、高校までと異質になるほかありません。書店やネット上に「正解」をもとめても、みつからないことが普通だからです。現実に科学・学問の細分化は急伸するばかりなので、世間的にはまったく無名な講師の学説が、実際「特定分野での最先端」であることは普通に「発生」しますし、ウィキペディア上なら「独自研究」といわれかねない独特な見解も、担当教員によっ

て「学界における重要な学説」としてとおってしまいます。

　博士課程後期では博士論文作成の指導がなされているはずですが、論文に動員される詳細な具体的データはもちろん、その研究の前史にあたる学界動向のまとめについても、大学院生の方が指導教員よりくわしいのが普通です。すくなくとも、ものすごく限定された研究テーマにかぎれば、先生よりくわしくない大学院生はありえないはずです。大学院生がとりあつかっている研究の先端を指導教授が全部熟知しているようでは、独自な論文は完成にいたりません。

　分野によってもちがいますが、先生たちがゆとりをもってデータ・理論を理解できるのは修士論文まで。まともな水準の博士論文であれば、審査委員会の先生方の理解力・学識をとうところにまで到達しているはずです。先生が研究報告をきいてかろうじてついていける「限界」にたどりついていることこそ、博士論文準備中の大学院生の前提条件だからです。

　もちろん、大学の授業は先端研究を報告し検討する研究会とはちがうので、あまりに特殊で独自な学説がそのまま供されることは普通ありません[11]。しかし高校までのように「正解」が確定している世界からの離脱をめざす科学をあつかうのが大学の講義です。書店やネット上で「正解」をもとめようにもみつかる保証がないのだから、単位認定のためには担当者の主張をそのまま理解する必要があります。したがって、授業ノートは、講義中になにがかたられたのか復元できるように、メモをしっかりとる必要があるのです。

　アナうめプリントが配布されたなら、「正答」とされたキーワードを全部確認してかえってくる必要があるし、なぜその文脈にそのキーワードが「適切」なのかの合理的根拠が解説されるはずなので、プリントの欄外にメモするかノートにかきとめておかねばなりませ

ん。その際、時間配分が不充分で解説速度がおそろしくはやいかもしれないし、板書の字が解読できないかもしれない。これらは授業直後に確認すべきですが、できなかったなら、メールによる質問なり、なんらかの対策が必要となります。おなじ授業の履修者同士での互助組織をつくるといったこともかんがえられます。

　配布プリントもなく、ただスライドがみせられるだけなら、どんな画像だったか、おもいだせるようにノートに必死にメモをとる必要があります。録音や写真にとることをイヤがる先生はすくなくないはずですが（版権などもあり）、許容されるかたずねる意味はあるでしょう（気分を害さないよう、配慮が必要）。最近は、大学での授業のうけかた、ノートのとりかたを指南するマニュアルなども市販されているし、大学図書館に関係の文献があるのが普通なので、図書館ガイダンスなどをまたずに司書さんに相談してみましょう。

　必修とされていなくても、「1年生ゼミ」とか「入門ゼミ」など、勉強のしかた、報告資料の作成方法や発表のしかたなどを指導する演習科目があったら、絶対にとっておくべきです。卒業論文等が卒業の必須要件となっている学部のばあい、3年生から本格的な論文指導を開始することが大半かとおもいますが、近年のように就職活動が3学年時後半からはじまってしまう現状からすると、大学在学後半にはいって報告資料作成や発表方法などをみにつけようとかんがえても、まにあいません。図書館での資料検索、文献のリスト化、アカデミックな文章の読解方法、これらを素材としたアカデミックな作文と、その体系化による論文作成といったことをみにつけるには、かけあしで最低でも半年ぐらいはかかるからです。

　勉強熱心な学生は、1-2年次の期末レポート作成などを数回くりかえすうちに、コツをつかんで、『論文の書き方』といったマニュ

アル本を参照するだけで、以上のことをなんとかみにつけられるのですが、残念ながら、それに成功する学生は、ごく一部なのが現実です。だからこそ、「1年生ゼミ」とか「入門ゼミ」などは、「お得」であるだけでなく、事実上「必須」の単位なのです。学費を未来の自分への投資として位置づけるなら、費用対効果という意味でも、「とらないで後日損をしたら自業自得」とでもいうべき機会なのです。

注

1 成人むけの資格試験予備校や専門技術を習得する専門学期・各種学校などについては割愛する。

2 筆者は、かなりまえになるが「トラブルや不安とかを「メシのタネ」にしている層」が生業としている業界全体を「不安産業」と茶化したことがある。「〈切実な問題〉のときに登場する「先生」は、大体「不安産業者」だよ」「学問のばあいも「家元」制度があって、その意味では、大学教師は「不安産業」と「願望産業」の中間かな?」などと (ましこ 2005:67)。

3 もちろん、国公立大学の入試問題は、私立大学のおおむね3科目以下の選抜制度と異質で負担がおおきく、結局は高学歴かつ高所得の保護者のもとにうまれた受験生が圧倒的に優位にたつという指摘がなされてきた。東大生の保護者の年収が1千万をこえるといった調査結果をもとに、国公立大出身という学歴アドバンテージをえて経済的にもめぐまれた家庭にそだった受験生が、学費のやすい高等教育機関にすすむ確率がたかい (私学出身者は、次世代も国公立に進学しづらく、結局たかい学費を負担する……) といった、格差拡大構造への批判が何度も浮上した。

また、近年のばあい、有利子化や金融業者によるとりたてなどで、奨学金が事実上の教育ローンとして機能し、一種の貧困ビジネスと化しているという批判もある。卒業後、返済義務の負担がおもたく、失業や心身の不調などによって返済計画が破綻しても、そういったリスクへの充分な配慮・対応がないのだ。

このようにかんがえると、「国公立大をせめてえらぶ」といった提案自体が非常に無責任であるという批判はでて当然であろう。大学の大半が国立で授業料が基本的に無料であるとか、奨学金は学資補助ではなくアルバイト等を最低限にへらすための生活補助である欧州大陸との差はおおきい。

4 もっとも、2018年9月には、従来一斉に解禁されてきた企業の採用面接時期 (「経団連の就活ルール」) について、将来的に廃止する意向を経団連会長が発表して、話題となった (「就活ルール廃止を=21年春以降入社から-経団連会長」(『時事ドットコムニュース』2018/09/03))。

従来から「就活ルール」の空洞化は指摘されており、ようやくリクルート実態との乖離がなくなると歓迎する論調もすくなくない。また、「混乱」の懸念は、単に学生の実情を無視した「オトナの事情」という保守主義による反発にすぎないという論評も多々ある。しかし、社会人とのつきあいに免疫がない日本の大学生のばあい、欧米のように成人としての自己責任意識が確立した大学生とはことなり、すくなくとも、形式にせよ「対等」な交渉がなされるとは到底おもえない。結局は、学生アルバイトや長期のインターンが事実上の試用期間となり、そこで事実上の人材選抜がなされて卒業時には店長として正社員化するケースが増加するなど、「全身就活」が蔓延、まえだおしとなっていくだけではないか。そこには、資格試験予

備校にかようことが「本務」化した、かたちばかりの大学生と通底した、4年間全体「仮面就活生」という実態の進行が懸念される。それは、自立しているといわれる欧米の学生生活とは、あきらかに異質だろう。

5 「合成の誤謬」の典型例としては、(1) 流通大手による「買い手市場」圧力などにまけて価格破壊戦略をとったメーカーが生産拠点の海外移転や賃金ひきさげなど人件費コストを圧縮→労働者の購買力が全体的に低下（個人消費のひえこみ）→景気低迷により流通・製造関連企業間で価格破壊競争が激化……。(2) 都市機能の高密度化による排熱増大→ヒートアイランド現象→ビル・輸送機械などの空調稼働率上昇→排熱増大によるヒートアイランド悪化→空調依存空間の広域化……といった悪循環2例が適当とおもわれる。

6 一方で、視聴覚ほか、さまざまなサポートを要する学生への情報保障や学習環境の整備がいそがれるようになってきたことも事実である。学習条件を全部自力で確保することが困難な層への配慮だけでなく、うっかり講義内容のポイントをすくいそこねてしまうようなリスクを全体的にへらせるようなくふうが、今後すすむ可能性はたかい。学習環境のユニバーサルデザインという観点での大学環境の整備である。

7 現在の日本の大学のおおくが採用してきた2単位は、$45 \times 2 = 90$分を学期15回で構成されることが一般的である。これは、旧文部省時代から、政府は「大学設置基準」などによって、1週あたり1時間弱（45－50分）の授業を15週つづけることを「1単位」とみなしてきたことにもとづく。その前提は、講義の前後に同時間の予習と復習がともなうというタテマエによる。しかし、それが机上の空論であることなど、自明のことだろう。

8 理科系学部など実験・実習等が大学生活の中心になるばあいはもちろん、「演習」といった名称の科目などによって担当教授等にふりわけられるゼミナール（Seminar）が毎週の登校リズムの中核になるケースが3年時以上におおくなるはずだ。1－2年時に語学等必修科目の単位をおとしていないかぎりは、これらが大学生活の中核になるわけで、その際、学部専門科目のいくつか以外は、なるべく省力化しなければ、いそがしすぎたり、いたずらに消耗したりする事態をまねきかねない。「対抗上」、卒業要件とされる総単位数の加算のためだけに時間割をうめるケースも多々あることになる。

9 学生諸君にとっては、学外から「でまえ講義」をこなしに来校する非常勤講師（「兼担講師」という名称をあてがう大学がおおい）と、常勤スタッフである教員（助教・専任講師・准教授・教授など）との区別がつかないことがおおいであろう。時間割にそのような明記はなされないし、両者のちがいで授業の水準や熱意にちがいがあってはならないからだ。学生にとっては、大学の中核たる「サービス商品」が品質上平準化されていることを期待するのは当然だ。

　しかし、そのような公式的な理念（タテマエ）とはことなり、講義に対

する熱意や産物としての授業パフォーマンスの水準には、相当な質的差異があることも否定できない。それは、大学教員の担当授業の提供身分が常勤・非常勤かをとわず、「講義することの位置づけ」が多様だからである。学界ではマイナーすぎて存在感がない人物が、「抵抗力がない」学生のまえで自説を展開する貴重な空間として、たのしみにしているケース。高学歴の女性がセカンドキャリアのひとつとして外国語や文学などを講じる自己実現の機会としてとらえているケース。研究・調査・執筆・社会運動など学外での社会的貢献を維持するための生活費調達の資源として給与を位置づけているケース。常勤ポスト獲得目的で研究業績を蓄積するために生活費＋調査費用を確保する必要にせまられているケース。学生を社会におくりだすことが大学人の社会的使命と位置づけているケース……など、授業を成立させている動機は、よくもわるくも多様である。

　しかし、もし学生便覧や大学ホームページ等で、授業の担当教員が学外から来校している非常勤講師であることに間接的にきづいたなら、少額の非常勤給与では到底コスト上あわない授業準備＋出勤時間というご苦労に、おもいをはせてほしい。2時間以上かけて1-2コマの授業のためだけに来校しているばあいなどもマレではないし、ときには特急にのって毎週何時間もかけて移動をくりかえしている講師さえいる。そして、そういった非常勤講師が大量動員されてはじめて成立するのが、大学という組織なのである。

10　OECD諸国をはじめとして、大学進学率が人口の過半数にいたる地域は多数あるが、現代日本のように入学者の大半が卒業にこぎつける（日本でいう「学士号」修得）地域は少数である。

11　あくまで、「普通」はないというだけであって、実際には、主流説からとおくはなれているだけでなく、投稿論文なら査読過程で疑義が噴出して、到底掲載にはいたらないだろう「独自すぎる」見解であるとか、専門家集団内では妄説としか位置づけられていない議論を、画期的学説なのだと称してはばからない無責任な教員は、それなりに実在する。それは、専門家として無責任というより、学界動向を完全に無視することで、学界外部にいる学生に誤解をあたえつづけることを意味する点で「反則」といえる。

おわりに

　本書は、現代日本版ネオナチというべきレイシズムや優生思想に感染しないための対策マニュアル。どこからわきあがるのか、おそらく本人自身解析できないだろうヘイトスピーチをくちにしてしまわぬよう、予防ワクチン＝ヒントを提供しようとするものです。

　後半では具体例もあげて歴史的無知をただしました。また、事実についての無知・無視がなぜ放置されつづけているのかをあきらかにしようとしました。さらには、そうした無知・無視がはびこる現状に毒されないためには、どうしたらいいか。洗脳、ないし詐欺的教育とでもいうべき構造にどうやって抵抗していくのか。そういった意味で、《知的病原体》というべき「偏見菌」「悪意ウイルス」などの感染にまけず、周囲に伝染させずにすむような《ワクチン》のようなはたらきをめざす。読者に《知的抵抗＝免疫力》をかちとってもらい《感染経路》を寸断する《ファイアウォール》になってもらおうというこころみなのです（同様のとりくみは、たとえば荻上[2011][1]など）。さらには、「予防ワクチン」をうっていないことでへ

1　荻上チキは、歴史上の流言の伝播事例を追体験すること（疑似体験）のくりかえしで、流言・デマに感染しづらくなる（流言リテラシー）とかんがえ、それを「流言ワクチン」とよんでいる。流言に対する抵抗力をもつ人口の増加で拡散速度も伝播面積も最小におさえられるというのである。感染症対策とおなじで、集団免疫のための集団での「予防接種」が肝要だと（荻上 2011：17-19）。
　　荻上らのとりくみと本書の目的にちがいがあるとすれば、大震災など巨大自然災害時の流言・デマの伝播はネット上での対策など緊急性がたかく、それこそ短期的な即効性がもとめられるだろう。本書は、それら短期的な

イトスピーチ依存症となっているような危険な人物に対して、どう攻撃をいなしていくのか、ときにどう反撃することがかんがえられるかなどのヒントを、標的となるリスクをかかえた層に提案することもねらっています。

　古代ギリシアの哲学者ソクラテスは「無知の知」を提起しました。自分が無自覚におちいってきた「歴史的無知」「地政学的誤解」にきづき、それを修正すること。有害な「無知」「誤解」をこれ以上ためこまず、はねかえせること。「無知」「誤解」の伝染という、有害無益な現実からめをそらさず、その感染ルートを冷静に遮断できること。こういった、自身の無知の自覚をベースに、無知・誤解にもとづく錯覚から社会全体が解放されていくプロセスをよりひろげていこうという運動のために、本書はかかれました。以前、同様の書物をかいたとき、「知の護身術」と称しましたが、本書も、読者各層が有害な《錯覚》現象の被害者にならずにすむこと、さらには加害者になることをさけることをめざしています。

　あわせて本書は、網羅的な問題配列とは対照的ですが、社会学という社会科学の1分野である領域の「入門」もかねています。
　たとえていうなら、視覚障害者にとって柔道が有効な護身術になるとか、少林寺拳法などが女性の自衛のための技術になるという目標が、身体能力・危機察知能力をたかめると同時に健康等にも資するというのとにています。「社会学」という「知の護身術」をいり

即効性をもとめられる事態にも有効であることをめざすが、むしろ、「平常時」に際限なくくりかえされる差別現象を、中長期的かつ世代横断的に漸減させていくというプロジェクトの提起である。

ぐちとして社会科学の入門をはたし、もって社会全体のスケッチをはじめること。近現代空間における自身のたち位置を鳥瞰的に把握し、近未来のゆくすえをすこしみとおすこと。同時に、通常みすごしている微細な現実にきづいて、虫瞰的な現象への「接写」ができるようになること。

　ちょっと贅沢にきこえるとおもいますが、本書は、実際かなりよくばりな目標設定をしてしまいました。みなさんの人生にとって、ちょっとしたスパイスのきいた読書体験になれたでしょうか。

　いずれにせよ、「アタマのなかの混乱」を整理すること。それによって「ココロのユトリ」をみいだし健全にすること。これを是非とも社会学を起点として、周辺の「知」へと移行し、内外の危機を回避し、精神的な健康維持・増進につとめてください。みなさんが、これからの難局をうまくのりきっていけますように。

　　　女子教育を否定するタリバーン勢力に批判をくわえつづけていた
　　　マララ・ユスフザイさん（当時15歳）、テロ組織に狙撃され重傷を
　　　おった日（2012.10.09）に。　　　　　　2018年10月9日　横浜

【参考文献】

荒井裕樹, 2016,『差別されてる自覚はあるか――横田弘と青い芝の会「行動綱領」』現代書館
岩永直子, 2018a,「杉田水脈議員の言葉がもつ差別的効果 熊谷晋一郎氏インタビュー（1）」『BuzzFeedNews』2018/09/26
　　（https://www.buzzfeed.com/jp/naokoiwanaga/kumagaya-sugitamio-1）
岩永直子, 2018b,「「生産性」とは何か？ 杉田議員の語ることと、障害者運動の求めてきたこと 熊谷晋一郎氏インタビュー（2）」『BuzzFeedNews』2018/09/27
　　（https://www.buzzfeed.com/jp/naokoiwanaga/kumagaya-sugitamio-2）
岩永直子, 2018c,「「見えやすい困難」と「見えにくい困難」が対立する日本 熊谷晋一郎氏インタビュー（3）」『BuzzFeedNews』2018/10/02
　　（https://www.buzzfeed.com/jp/naokoiwanaga/kumagaya-sugitamio-3）
岩永直子, 2018d,「偏見を強める動きに抵抗するために 熊谷晋一郎氏インタビュー（4）」『BuzzFeedNews』2018/10/03
　　（https://www.buzzfeed.com/jp/naokoiwanaga/kumagaya-sugitamio-4）
上野千鶴子, 2018,『女ぎらい』朝日新聞出版
内田みどり, 2001,「障害者であり、女であることの狭間で」, 全国自立生活センター協議会編『自立生活運動と障害文化――当事者からの福祉論』全国自立生活センター協議会
大貫隆志編著, 2013,『指導死――追い詰められ、死を選んだ七人の子どもたち。』高文研
荻上チキ, 2011,『検証 東日本大震災の流言・デマ』光文社
鬼丸昌也・小川真吾, 2005,『ぼくは13歳 職業、兵士。――あなたが戦争のある村で生まれたら』合同出版
勝間和代, 2011,『恋愛経済学』扶桑社
門倉貴史, 2002,「日本の地下経済の規模に関する時系列分析と都道府県比較」, 日本経済研究センター『日本経済研究』(46), pp. 149-160
　　（https://www.jcer.or.jp/academic_journal/jer/PDF/46-8.pdf）
門倉貴史, 2018,『日本の「地下経済」最新白書 闇で蠢く26.5兆円の真実』SBクリエイティブ
かどや・ひでのり＋ましこ・ひでのり編著, 2017,『行動する社会言語学――ことば／権力／差別Ⅱ』三元社
菊池真理子, 2018,『毒親サバイバル』KADOKAWA
金 明秀, 2018,『レイシャルハラスメントQ＆A』解放出版社
グリューン, アルノ＝上田浩二・渡辺真理訳, 2005,『人はなぜ憎しみを抱くのか』集英社

黒川みどり，2016,『創られた「人種」：部落差別と人種主義（レイシズム）』有志舎
ゴンブリッチ，エルンスト・H，＝中山典夫訳，2012,『若い読者のための世界史―原子から現代まで―（下）』中央公論新社
斎藤 環, 2000,『戦闘美少女の精神分析』太田出版
斎藤美奈子, 2001,『紅一点論――アニメ・特撮・伝記のヒロイン像』筑摩書房
酒井順子, 2006,『負け犬の遠吠え』講談社
酒井順子, 2017,『男尊女子』集英社
関口 寛, 2011,「20世紀初頭におけるアカデミズムと部落問題認識：鳥居龍蔵の日本人種論と被差別部落民調査の検討から」同志社大学人文科学研究所『社会科学』41巻1号, pp.125-147（https://doors.doshisha.ac.jp/duar/repository/ir/15028/007000910005.pdf）
ドーキンス，リチャード＝日髙敏隆ほか訳, 2018,『利己的な遺伝子 40周年記念版』紀伊國屋書店
永井陽右, 2017,『ぼくは13歳、任務は自爆テロ。――テロと紛争をなくすために必要なこと』合同出版
羽根次郎, 2017,「「一帯一路」構想の地政学的意義の検討」『現代思想』Vol.45-18
浜田 宏, 2016,「相対的剥奪のモデル 花京院と青葉の文体練習1」（http://www2.sal.tohoku.ac.jp/~hamada/bkmodel160425.pdf）
塙 幸枝（ばん・ゆきえ）, 2018,『障害者と笑い――障害をめぐるコミュニケーションを拓く』新曜社
星野ルネ, 2018,『まんがアフリカ少年が日本で育った結果』毎日新聞出版
ましこ・ひでのり, 2005,『あたらしい自画像――「知の護身術」としての社会学』三元社
ましこ・ひでのり, 2007,『増補新版 たたかいの社会学』三元社
ましこ・ひでのり, 2008,『幻想としての人種／民族／国民』三元社
ましこ・ひでのり, 2012,『社会学のまなざし』三元社
ましこ・ひでのり, 2017,『コロニアルな列島ニッポン――オキナワ／オホーツク／オガサワラがてらしだす植民地主義』三元社
ましこ・ひでのり編著, 2006=2012,『ことば／権力／差別――言語権からみた情報弱者の解放』三元社
ミラー，アリス＝山下公子訳, 2013,『魂の殺人――親は子どもに何をしたか』新曜社
ミルズ，C・ライト＝伊奈正人・中村好孝訳, 2017,『社会学的想像力』筑摩書房
茂木健一郎, 2018,「ボーッと生きてると人生がうまくいく理由 悩みとストレスを消すコツ」『PRESIDENT Online』2018/10/05（PRESIDENT 2018年7月16日号）

森　達也, 2009,「【報道】進化し続けるメディアと僕らが生き延びるためのメディア・リテラシー」, 島田裕巳ほか『日本一番早い平成史』ゴマブックス
ムッライナタン, センディル／シャフィール, エルダー＝大田直子訳, 2015,『いつも「時間がない」あなたに——欠乏の行動経済学』早川書房
安冨歩／本條晴一郎, 2007,『ハラスメントは連鎖する——「しつけ」「教育」という呪縛』光文社
安冨　歩, 2012,『原発危機と「東大話法」——傍観者の論理・欺瞞の言語』光文社
米川正子, 2018,「性的テロを告発したノーベル受賞医師の凄み——ムクウェゲ氏が平和賞を受賞した3つの意義」(『東洋経済 ONLINE』2018/10/09)
ラッセル, ジョン・G., 1991,『日本人の黒人観——問題は「ちびくろサンボ」だけではない』新評論
ラミス, C. ダグラス＝加地永都子ほか訳, 1982,『影の学問 窓の学問』晶文社
ラミス, C・ダグラス, 2017,『〈ダグラス・ラミスの思想〉自選集——「普通」の不思議さ』萬書房
レヴィット, スティーヴン・D ＆ ダブナー, スティーヴン・J ＝望月衛訳, 2007,『ヤバい経済学——増補改訂版』東洋経済新報社

索　引

(キーワードがないページでも
内容であげてあります)

あ

ICT　9-11, 27, 48-9
アイヌ　41, 143
「青い芝」(全国青い芝の会)　158
アカがり　33
アカデミックハラスメント　61, 68, 200
悪意　11, 27, 60, 68, 92, 108, 198, 208
悪魔　52, 62, 170-1
アニメ　19, 23, 25, 48, 92, 172
安倍政権 (2006-7年, 2012年-)　174
『あまちゃん』(ドラマ、2013年)　83-4, 93
アメリカ政府　20, 62, 118, 166-8, 171
アメリカ同時多発テロ (2001年)　103, 119
アリーナ　40, 161
アレルギー　30, 32
アングル　82
暗数　68, 70, 73-4, 160
安楽死　22
ED　91
慰安婦　78, 168, 170, 177
イエズス会　50
イジメ　21, 29, 51, 54, 57, 87-8, 148
イスとりゲーム　150, 189
異性愛イデオロギー　91
イデオローグ　61

遺伝子 (gene)　11, 46
異物　29
いやがらせ　52
印象操作　85
impairment　145
インフルエンザ　11, 59
陰謀論　20, 135, 167
ウェーバー，マックス (1964-1920)　76, 93, 98
上野千鶴子 (1948-)　93
右　派　20, 45, 49, 156, 166-8, 174, 176-7
Ak47 (自動小銃)　47
AV (アダルトビデオ)　71
HIV バッシング　29, 47, 147
疫学　17, 46, 64, 78, 96, 111
エコーチェンバー　33-4, 49
SNS　11, 24, 34-5
SF　23
SM　48
NHK　83, 146
LGBT　105, 158
円錐形モデル　127, 152-4, 184-5
オーウェル，ジョージ (1903-50)　56
沖縄差別　143, 145
汚染　29-31, 33, 118
オバサン化　75-7, 87-90
オバマ大統領 (2009-2017)　110-1, 120

オヤジ化　75-80, 83-7, 89-90
オヤジ文化　48
オラオラ系　22
オランダ人慰安婦　50
オリエンタリズム　40, 48
オンナ偏　23, 91

か

「快感」体験　58
階級差別　17, 25-7, 161
外国人嫌悪　139
解放教育　50
加害行為　110, 118
加害リスク　152
科学的思考　31
学位　161, 189, 191, 199
格差拡大　26, 205
学歴社会　191-2
過激派　118, 166
過剰防衛　30
ガス室　137, 177
家父長支配　21
ガラパゴス化　65-6, 72-3, 155
カルチュラル・スタディーズ　100
加齢　77, 87
環境セクハラ　80-1
監禁　79
観光　72-3, 163
監視カメラ　56
感　染　10-3, 17-22, 25-7, 29-30, 33, 38, 41-2, 44, 50, 53-4, 59, 63, 69, 78, 87, 96, 147, 161, 184, 208-9
勧善懲悪　62-3
危機感　107

菊のタブー　168
危険分子　32
疑似科学　21
疑似生物学　46
偽善　27, 43-4, 67, 69, 86, 100, 145-6
機能不全　67, 76
詭弁　85-6
欺瞞　45, 68, 86, 100, 121, 189
逆差別　126, 131, 158
教育学　14, 91, 98, 184, 188
矯正プログラム　44
強迫神経症　29
空爆　44
駆除　137
区　別　18, 97, 127-8, 138-9, 148, 177, 206
グラビア　48, 80-2, 93
グリューン、アルノ（1923-2015）　53
グレーゾーン　46, 156
『クレヨンしんちゃん』　78
グローバル化　12, 15, 39, 49, 101, 106, 163
軍事エリート　41
軍事基地　100, 164-5, 167
軍事社会学　101, 113-4
軍需産業　79
軍組織　21
経済格差　25-6, 140
経済官僚　41
経済先進地域　26, 79, 97-100, 105
経済的弱者　26
経世済民　64, 69
ゲーム　25, 42, 44, 48, 60, 90, 161
結　婚　80, 91, 104-5, 119, 150-1, 160-

1, 178
潔癖症　17, 29, 32-3, 83
健康　13, 32, 92, 125, 184-5, 209-10
健康保菌者　59
言語的暴力　85
言語的リンチ　136, 159
現実直視　66, 117
現実逃避　66
現代思想　100, 115
憲法　67, 154, 164, 168
高学歴化　65, 105, 111
攻撃性　13, 18, 38, 46, 51, 57, 61, 75-7, 128, 159
攻撃的ミーム　60
攻撃目標　57
抗原抗体反応　29, 137
考古学　41
皇室　168-9, 176
光州事件（韓国, 1980年）　49
合成の誤謬　73, 106, 193-4, 206
「高速移動する密室」（自動車の別名）　56
幸福の科学　49
拷問　49, 79
高齢者　21-2, 64, 106, 129, 146, 194
ゴキブリ　137
国策教育　20
国史　20
黒人差別　130, 132, 139, 141-3, 160
護身術　13, 95, 101, 107, 109, 209
『この世界の片隅に』　172
御用メディア　19-20
コロニアリズム　17, 37-9, 42-4, 49-50, 99, 101, 144, 163
コンピューターウイルス　9-11, 13, 46

さ

再帰的自己言及　117
斎藤環（1961-）　48
斎藤美奈子（1956-）　48, 91-2
在日コリアン　114, 125, 139, 142-3, 159-60
在留資格　73
酒井順子（1966-）　22, 80, 105
搾取　38, 43, 47, 140
サディスティック　13, 81
サディズム　54, 77
差別　23-5, 27, 50, 52, 81, 83, 88, 91, 117, 124-32, 139-52, 156-60, 169, 178, 209
3高・3低・3平　104, 119
産婦人科医　88, 91
残余科学　97
恣意性　24, 85
恣意的正義　45
自衛　13, 25, 29, 57, 59, 63, 71-2, 79, 103, 107, 137, 140, 209
ジェンダー　22, 77, 91, 151, 188
視覚障害者　49, 209
死刑制度　62, 71
「自業自得」論　28, 77, 80, 194, 204
自己責任　96, 114, 180-1, 188-90, 195, 200, 205
自己像　109
自己中心性　29-30, 33, 76, 87
自己破壊　46
自己複製　46
自制心　109

嫉妬心　78, 87-8
史的社会学（historical sociology）　113, 178
児童虐待　28, 53, 55, 68, 147
指導死　53
死の商人　79
支配的集団／従属的集団　125
自爆テロ　28
私物化　85
島国根性　66, 72
ジャーナリスト　23, 35, 98, 121, 137
ジャイアニズム（ドラえもん）　42
社会学的想像力　112, 122
社会学的密室　54
社会言語学　64, 101
社会主義　22, 32, 79, 99
社会心理学　14-5, 64, 171
社会ダーウィニズム　21, 101
社会的ウイルス　17, 44, 46, 51, 53-4, 58, 63, 75, 77, 95-6, 111, 124, 128, 157, 182
社会的弱者　57, 101, 129, 131-2, 145, 147
社会福祉　26, 101
社会変動（social change）　11, 106
視野狭窄　36, 61
弱肉強食　22
ジャパン・ハンドラー　167
斜陽国　65
就活　151, 179, 189-90, 192, 205-6
宗教差別　19
自由主義　33, 99-100, 174
羞恥心　42, 75, 78, 89, 94, 109-10
柔道　49, 209
自由・平等・友愛　27-8, 99-100

出生前診断　29
女王　48, 92
障害学　64, 91, 101, 146
障害者　21-2, 60-1, 83, 91, 99, 101, 120, 130, 145-6, 155-6, 160
少子化　66, 73
少子高齢化　65-6, 106
少年兵　21, 78-9
情報操作　20
少林寺拳法　209
昭和天皇　172, 178
食肉センター　159
殖民　38-9, 50
植民地主義　37, 39-40, 100-1, 165, 174
助産師　88-9, 91, 94
女子高生売春　97
女性解放　28, 99-100
女性学　23
女性差別　28, 91, 100, 129, 143, 145, 150, 158
女性戦士　24, 48, 61
女性蔑視　21, 47, 135
ジョハリのまど　117
人格形成　77
人権意識　27, 68, 128
人権侵害　40, 67
人権保障　67
人工衛星　102, 115, 117
新興宗教　70
新宗教　49, 159
新自由主義（ネオリベ）　26, 73, 101, 194
人種差別　19, 138-9, 159
人身売買　28

侵入者　31
親米　165, 167, 169, 174
新保守主義（ネオコン）　26
新来外国人　27
人類学　14, 19, 36, 41, 46-7, 50, 64, 91, 97-8, 113, 160, 188
スカート着用　91
姿見　107, 109
杉田水脈（1967-）　119-20
スパルタ式訓練　61
スラック／Slack　108, 119
生活保護バッシング　26, 147
性感染症　63
正義　44-5, 58, 62-3, 71, 87, 89, 94, 118, 172
性差別　81, 159
政治経済（学校教科）　115, 188
精神分析　48, 117
正邪　33
聖職者　43, 50
成人男性　21, 47
性的少数者　99, 119, 147, 156, 158
性的商品　48, 82
性的テロリズム　47
性的魅力　48, 81-2, 151
性風俗　48, 97
性暴力　42, 47, 50, 56, 70, 87, 119, 133, 140, 159, 172
生理的嫌悪　29-30, 83, 136-7
世界標準　66, 73, 191-3
責任転嫁　119, 171
セクシュアリティー　147
セクハラ　48, 53, 68, 70, 78, 80-1, 83, 91-3, 128, 133, 154, 159
セックスワーカー　79

ゼノフォビア　139
『1987、ある闘いの真実』（韓国映画, 2017年）　49
『1984年』（ジョージ・オーウェル作・小説, 1949年）　56
宣教師　50
先住民　50, 143
戦争社会学　101
戦闘美少女　24, 48
憎悪煽動　136
憎悪表現　134
相対的剥奪　27, 132, 159
相対的まけぐみ　26
『孫子』　107, 119

た

大学院　14, 61, 97, 120, 179, 182-3, 189-90, 194, 198-9, 202
大学設置基準　206
「対岸の火事」　29, 146
大航海時代　15, 39
代償行為　60
大東亜共栄圏　50
大日本帝国　19
高田明典（1961-）　115
タカ派　35, 168-9, 174
探検家　49
断種　22
男性学　23, 94, 101
男性中心主義　22
男性不信　24
男尊　17, 21-3, 27, 44, 47, 75, 77-8, 80, 87-8, 90-1, 158, 161
地政学　14, 103, 174-5, 178, 209

知性・感性・品性　76-7, 87, 90
知的視野狭窄　35
知的病原体　208
「知の護身術」　11-2, 101, 209
虫瞰図　117
重慶爆撃（1938-43年）　44, 117
中高年　21, 75, 86-7, 93, 155, 159
中年化　75-7, 80, 86, 89-91, 107, 110-1, 135
鳥瞰図　101-2, 107, 117
超人＝超男性（superman）　22
朝鮮労働党　19
地理学　36, 97, 103, 118-9
帝国主義　12, 15, 24-5, 41, 111, 164, 172
帝国日本　32, 41, 45, 50, 99, 118, 169-70
disabilty　146
DV　52-3, 55-6, 68, 71, 160
デュルケーム，エミール（1858-1917）　98
テレスクリーン　56
テロ煽動者　62
テロリスト　32
テロリズム　19, 24
てんでんこ　108, 119
天皇制　33
闘技場　40
ドーキンス，リチャード（1941-）　46
盗掘　41
同性愛　21, 23, 47, 93
東大話法　85-6, 93, 192-3
道徳教育　67
動物愛護　28

動物虐待　28, 74
透明化　54-6
同和教育　50
毒親　70-1, 158
独裁体制　19, 32, 99-100
独善性　29, 33, 46, 76
『ドラえもん』　42
トリアージ　108
奴隷解放　28, 100

な

ナショナリズム　19, 39, 118, 136
ナチス　22, 67, 137, 156, 159, 177
ナチズム　33, 53, 62, 99, 101, 159
二項対立　125, 146
日本会議（右派組織）　168-9, 175-6
日本マニア　49
ヌード　80-2, 93
ネオナチ　63, 159, 208
ネット右翼　35, 72, 80, 89, 159, 174, 178
脳性マヒ　158
脳内麻薬　54-5, 58
ノンフィクション　23, 70

は

排外主義　18-9, 33, 72, 139
排除　29, 32, 34, 37, 60, 81, 114, 138-40
ハイリスク空間　14, 43, 55-7, 103, 106, 118-9, 133
ハイリスクグループ　55, 133
博士課程　198, 202

博士論文　192, 202
白人　131-2, 138
ハズキルーペ（眼鏡型ルーペ；商品名）　48
パターナリズム　64, 69
パックス・アメリカーナ　165
バッシング　26, 50, 88-9, 92, 174
ハラスメント（harassment）　14, 42, 51-7, 59, 61, 63-4, 67-70, 74-6, 92-3, 125, 128, 147-8, 157, 163, 169-73
ハラッサー（harasser）　51, 53-7, 59, 61-2, 128, 171-2
ハラッシー（harassee）　51, 53-5, 57, 128, 171
『バリバラ』（NHK）　146
破廉恥　42, 89, 192-3
パワーハラスメント　53, 61
ハワイ王国　50
パワハラ　53, 68, 91, 128, 154
反共　33, 49, 175
晩婚化　65, 105
反動的男女観　154
反日　72, 117, 144, 156, 163, 166-8, 170-1, 177
ヒーロー・キャラ　22
被害　13, 21, 24-5, 29, 39, 47, 50, 53-4, 58-9, 62, 70-1, 74, 85-7, 92, 95, 101, 103, 118-9, 125-6, 128, 131, 133, 136, 139-41, 159, 172-3, 199, 209
非婚化　65, 105
被差別部落　138-9
被写体　81-2
美醜　33

美少女戦士　25
非対称　23, 83, 89, 91, 94
必要悪　45, 71, 78, 118
避妊手術　22
病原菌　137
病原体　29, 31, 75, 184
標的　11, 35, 47, 49, 51, 53-4, 57-9, 61-2, 68, 78, 81, 83, 119, 130, 134-5, 137, 139, 141-2, 209
貧困　26, 28, 114, 131, 145-7, 205
ビン・ラーディン，ウサーマ（1957-2011）　110
ファンタジー　23
フィクション　19, 22-3, 30, 42, 44, 60-2, 72, 92, 142
フィルターバブル　34, 49
フィルタリング　34
フェミニズム　22, 63-6, 91, 94, 99-101, 158
複製技術　10-1, 27, 49
腐敗空間　90
侮蔑　30, 47, 77, 94, 100, 134-6, 152, 178
プライバシー　54, 56
部落差別　50, 138, 143, 159-60
フロイト，アンナ（1895-1982）　35
米軍基地　40, 103, 119, 168, 174-5
ヘイトコメント　80, 89
ヘイトスピーチ　35, 119, 134, 136, 139, 156, 159, 171, 208-9
平和維持　78
平和主義　25, 33, 78, 164, 169
『ペパーミントキャンディー』（韓国映画，2000年）　49
防衛機制　35, 58, 64, 70, 117

暴言　105, 109, 160, 176
報酬系　51, 58-9
暴支膺懲　171, 178
暴　走　58, 61, 76-7, 79, 89-90, 109, 111, 118-9
ボーダーレス化　15
暴力的空間　54
暴力的ミーム　58, 63, 69
暴力的メッセージ　60
ホームレスがり　26, 29
保護国　40
保　守　65, 73, 80, 90, 99, 109, 118, 154, 156, 165-9, 174-6, 205
ホモがり　47
ホモフォビア　21, 29, 47
political correctness　50
ポルノ　48, 81
本質主義　18-9, 25, 40, 46-8, 50, 91, 157, 174

ま

マーシャルアーツ　49
『負け犬の遠吠え』　80, 105
マジョリティ／マイノリティ　125-6
マッカーシズム　33
マッドサイエンティスト　79
「窓の学問」　37, 112, 115
ママ（接客業）　48
麻薬売買　97
マルクス, カール（1818-83）　98
マルクス経済学　99
マルクス主義　20
#MeToo運動　47, 80, 93
ミーム（meme）　39, 46-7, 58, 60, 62, 114

ミサンドリー（misandry）　24-5, 83
ミスコピー　11, 46
水商売　48
ミソジニー（misogyny）　21-2, 24, 47-8, 61, 63, 77-8, 80-1, 83, 87-9, 92-3, 106, 119, 145-6, 158
「見た目問題」　161
密室空間　50
密室状況　67
ミラー, アリス（1923-2010）　53
ミルズ, C・ライト（1916-62）　122
民族学　118
「無菌化」　32
「無菌状態」　31
無差別爆撃　19, 103, 117, 158, 178
無自覚　22, 26, 29, 60, 67, 72, 77, 79-81, 88-90, 119, 133, 144, 147, 152, 158, 163, 209
無症候性キャリア　59, 61, 63
無知・無関心・無神経　77
メタ認知　117
盲ろう者　47
茂木健一郎（1962-)　117
モニタリング　59, 75-7, 89-90, 101, 107-10, 115, 152, 155
「桃太郎」型　25
森達也（1956-)　137

や

靖国神社　176
安冨歩（1963-)　52-3, 70, 85-6, 169-71
「優勝劣敗」論　22

優生思想　18, 22, 29, 39, 61, 101, 208
優生手術　29
優等生　67, 69
ユダヤ系　22, 39, 137, 139, 156, 159
ユダヤ人差別　130
容姿差別　149
抑圧移譲　21

ら

らい予防法（1953-96年）　22
ラミス, C・ダグラス（1936-）　37, 49, 115
利己的　46, 106
リスク　9-13, 29, 57, 59, 63, 67, 92, 95, 101-4, 106-8, 115, 119, 124-5, 175, 199-200, 205-6, 209
利他　23, 108, 171, 193, 199
リベラリズム　65-6, 99-101
略取　41
略奪　25, 42
琉球処分（＝琉球国廃滅，1879年）　50
流動しつづける近現代
　（liquid modernity）　65, 95, 102, 106
リンチ　10-1, 54, 63
ルワンダ内戦（1990-94年）　137
レイシズム　17-9, 27, 29-30, 33, 37, 39, 63, 99-100, 138-41, 143, 145-6, 148, 157, 159-61, 178, 208
冷戦　12, 15, 19, 49, 78, 99-100, 144, 163-5, 167, 174-5
レイプ　25, 47, 118
霊友会　49

歴史学　98, 118, 177
歴史社会学　97, 101, 120, 178
レコンキスタ（失地回復運動）　44
連字符（ハイフン）社会学　97
ろう者　49
労働市場　151, 159
労働力　64, 72-3, 106
ローカリズム　19
ローマカトリック　43, 159
ローマ法王　50
ロリコン　48

わ

ワクチン　9, 13-4, 20, 36, 42, 59, 77, 91-2, 111, 182, 208

著者紹介

ましこ・ひでのり（msk@myad.jp）

1960年茨城県うまれ。東京大学大学院教育学研究科博士課程修了（博士：教育学）。日本学術振興会特別研究員などをへて、現在、中京大学国際教養学部教授（社会学）。
主要著作：『日本人という自画像』、『ことばの政治社会学』、『増補新版 イデオロギーとしての「日本」』、『あたらしい自画像』、『増補新版 たたかいの社会学』、『幻想としての人種／民族／国民』、『知の政治経済学』、『社会学のまなざし』、『愛と執着の社会学』、『加速化依存症』、『ゴジラ論ノート』、『コロニアルな列島ニッポン』、『言語現象の知識社会学』、『あそび／労働／余暇の社会学』（以上単著、三元社）。
共著に「社会言語学」刊行会編『社会言語学』（1-17号＋別冊2）、真田信治・庄司博史編『事典 日本の多言語社会』（岩波書店）、前田富祺・野村雅昭編『朝倉漢字講座5 漢字の未来』（朝倉書店）、『ことば／権力／差別』（三元社, 編著）、『行動する社会言語学』（三元社, 共編著）、大橋・赤坂・ましこ『地域をつくる―東海の歴史的社会的点描』（勁草書房）、田尻英三・大津由紀雄 編『言語政策を問う！』（ひつじ書房）、米勢・ハヤシザキ・松岡編『公開講座 多文化共生論』（ひつじ書房）、Mark ANDERSON, Patrick HEINRICH ed. "Language Crisis in the Ryukyus" Cambridge Scholars Publishing ほか

アタマとココロの健康のために

社会学的知の実践：レイシズム・ミソジニー感染防止ワクチンとハラストメント依存症治療

発行日…………2018年12月15日 初版第1刷

著　者…………ましこ・ひでのり

発行所…………株式会社 三元社

〒113-0033　東京都文京区本郷1-28-36
電話／03-5803-4155　FAX／03-5803-4156

© 2018 MAŜIKO Hidenori
ISBN978-4-88303-470-3
http://www.sangensha.co.jp

印　刷…………モリモト印刷 株式会社
製　本…………鶴亀製本 株式会社

ことばの政治社会学
ましこ・ひでのり／著 ●2800円

ことばの政治・権力・差別性を暴きだし、透明で平等な媒体をめざす実践的理論的運動を提起する。

加速化依存症 疾走／焦燥／不安の社会学
ましこ・ひでのり／著 ●1700円

せわしなく時代を追い立てる現代社会の切迫感はどこからくるのか。「時間泥棒」の正体に肉迫する。

愛と執着の社会学 ペット・家畜・えづけ、そして生徒・愛人・夫婦
ましこ・ひでのり／著 ●1700円

ヒトはなぜ愛したがるのか。愛着と執着をキーワードに動物としてのヒトの根源的本質を解剖する。

知の政治経済学 あたらしい知識社会学のための序説
ましこ・ひでのり／著 ●3600円

疑似科学を動員した知的支配の政治経済学的構造を、社会言語学・障害学・沖縄学をもとに論じる。

幻想としての人種／民族／国民 「日本人という自画像」の知的水脈
ましこ・ひでのり／著 ●1600円

ヒトは血統・文化・国籍等で区分可能であるという虚構・幻想から解放されるための民族学入門。

あたらしい自画像 「知の護身術」としての社会学
ましこ・ひでのり／著 ●1800円

現代という時空とはなにか？ 自己とはなにか？ 社会学という鏡をのぞきながら、自己像を描き直す。

日本人という自画像 イデオロギーとしての「日本」再考
ましこ・ひでのり／著 ●2300円

アジア・国内少数派という鏡がうつしだす「日本」および多数派知識人の「整形された自画像」を活写する。

コロニアルな列島ニッポン オキナワ／オホーツク／オガサワラがてらしだす植民地主義
ましこ・ひでのり／著 ●1700円

日米安保下、戦後日本は準植民地であり、沖縄などを植民地とする歴史的現実を社会学的視点から照射。

ゴジラ論ノート 怪獣論の知識社会学
ましこ・ひでのり／著 ●1700円

映画ゴジラシリーズをめぐる言説から無自覚なナショナリズムや、ゆがんだ歴史意識を明らかにする。

表示は本体価格